**Reiseführer**

W0052710

Bodensee

von Margrit Philipp

 ADAC Top Tipps

Das müssen Sie gesehen haben!
Die zehn Top Tipps bringen Sie
zu den absoluten Highlights.

 ADAC Empfehlungen

Unterwegs gut beraten: Diese
25 ausgesuchten Empfehlungen
machen Ihren Urlaub perfekt.

Preise für ein DZ mit Frühstück:
€ | bis 100 €
€€ | bis 150 €
€€€ | ab 150 €

Preise für ein Hauptgericht:
€ | bis 10 €
€€ | bis 15 €
€€€ | ab 15 €

■ Intro

■ ADAC Quickfinder

*Hier finden Sie die Orte, Sehens-
würdigkeiten und Attraktionen,
die perfekt zu Ihnen passen.*

■ Unterwegs

 *Zu diesen Orten und Sehenswürdigkeiten finden Sie Detailkarten im Innenteil des Reiseführers.*

▪ Service

Alle wichtigen reisepraktischen Informationen – von der Anreise über Notrufnummern bis hin zu den Zollbestimmungen.

Umschlag:

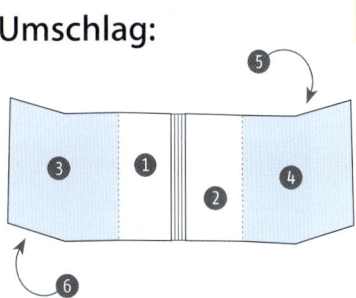

➤ **ADAC Top Tipps:** Vordere Umschlagklappe, innen ❶

ADAC Empfehlungen: Hintere Umschlagklappe, innen ❷

Bodenseeregion West: Vordere Umschlagklappe, innen ❸
Bodenseeregion Ost: Hintere Umschlagklappe, innen ❹
Stadtplan Konstanz: Hintere Umschlagklappe, außen ❺
Ein Tag in Konstanz: Vordere Umschlagklappe, außen ❻

Reiseerlebnisse à la carte in der Vierländerregion

Es ist besser, den magischen See einmal selbst zu erleben, als tausendmal davon zu hören und zu lesen

Besonders schön ist es, sich dem malerischen Meersburg mit dem Schiff zu nähern

A m Bodensee gleicht kein Tag dem anderen. Wind und Wetter sowie die wechselnden Lichtverhältnisse lassen die Bergwelt und den See wie in einem magischen Naturschauspiel ständig verändert erscheinen. In diesem Rausch der Sinne ist eine Schifffahrt mit der Weißen Flotte auf dem Obersee vor der imposanten Alpenkulisse und über den eher einem Flussdelta gleichenden Untersee ein unvergessliches Bodenseeerlebnis.

Leben am See

Balance zwischen Tradition und Moderne im Herzen Europas: Eine tief verwurzelte Brauchtumspflege wie die alemannische Fasnet (Fastnacht), gemeinsames Musizieren, Singen, ehrenamtliches Engagement für wohltätige Zwecke und Familienfreundlichkeit sind wesentliche Merkmale des privaten und öffentlichen Lebens der Menschen am See. Unternehmerische Innovation, Lebensfreude und Lust am kulinarischen Genuss, Avantgarde in Kunst und Kultur, das lässt die Bodenseeregion zu einem außergewöhnlich vielfältigen Erlebnisraum werden. Savoir-vivre in mediterranem Flair einer

der Alpen zu erklimmen, in Bregenz und Konstanz auf Shoppingtour zu gehen und in St. Gallen mit Einkaufslust durch den Stiftsbezirk zu bummeln. Auch das malerische Burgcafé auf der Meersburg mit seinen köstlichen Kuchen ist schnell zu erreichen, und ins Fürstentum Liechtenstein zu den Schätzen des Kunstmuseums ist es von überall her nicht viel weiter als ein Katzensprung.

Der Bodensee kennt keine Grenzen in seinem Gewässer, er gehört allen Staaten gleichermaßen. Der See verbindet die Menschen Deutschlands, Österreichs und der Schweiz länderüber-

Mit dem Rad die wunderschöne Landschaft erkunden (unten) – Typisch Bodensee sind die Äpfel (ganz unten)

begnadeten Naturlandschaft, gesprenkelt mit täglichen Momenten von Urlaubsgefühlen – hier schätzt man sich glücklich, boden(see)ständig gut zu leben und Feriengäste daran teilhaben zu lassen.

Schließlich sind die Bodensee'ler ebenfalls als Touristen unterwegs, wenn sie wie selbstverständlich Ländergrenzen überschreiten, um am Wochenende mal schnell die Gipfel

Mittelalterliches Stein am Rhein mit Klostermuseum St. Georgen (oben) und Uferpromenade Schifflländi (Mitte) – Weinanbau auf der Insel Höri (unten)

Historie, Kunst und Kultur – wohin man auch schaut

Die Erlebnisvielfalt an den Bodenseeufern Deutschlands, Österreichs und der Schweiz sowie im nahen Fürstentum Liechtenstein lockt jährlich rund sieben Millionen Touristen an. Ganz oben auf der Beliebtheitsskala der Individual- und Gruppenreisenden stehen die Erkundung der Blumeninsel Mainau und ihrer Geschichte, die Insel Lindau und der Besuch von Bregenz zur Zeit der Bregenzer Festspiele mit ihren spektakulären Opernaufführungen auf der weltweit größten Seebühne als Highlight. Bodenseestädte wie Konstanz, St. Gallen, Vaduz, Meersburg, Überlingen, Unteruhldingen, Friedrichshafen und Umgebung punkten bei Kulturtouristen ebenfalls mit historischen Kunst- und Kulturschätzen

greifend auf der kulturellen wie auch auf der wirtschaftlichen Ebene und ist ein Garant für ein freundschaftliches Zusammenleben.

allerhöchsten Rangs. Weltkulturerbe-stätten, Kirchen, Klöster, Schlösser, Burgen und Museen sind faszinieren-de Zeugnisse der einst prähistori-schen, später geistlich-weltlichen und neuzeitlich industriellen Bedeutung dieser Region, die durch Ferdinand Graf von Zeppelin und Claude Dornier ein anerkanntes Zentrum der Luft-fahrt wurde.

Bodenseeurlaub ist Aktivurlaub

Auf den Bodensee-Radwegen lässt sich Strecke machen, im Kanu ent-lang der Ufer sportlich paddeln oder auf einem der vielen Wanderwege durch Gärten, Weinplantagen und Hügel spazieren – jedoch nicht ohne sich mit Weinen und Spezialitäten aus der Region zu stärken. Die Aus-flugsberge Säntis, Pfänder und Ho-hentwiel bieten Panoramablicke auf Alpen und See und sind auch für

Kinder traumhafte Erlebnisse. »Berg-ziegen« begeben sich zum Kraxeln auf den Weg nach Vorarlberg, in die Ostschweiz und ins nahe Liechten-

*Und schwellende
Wellchen spielen,
und goldene Dampfer kielen
leise den lichten Lauf;
und hinter den Uferzielen
tauchen die vielen,
vielen Silberberge auf.*

Rainer Maria Rilke (1875–1926)

stein, wo Skifahrer im Winter gut präparierte Pisten vorfinden. Im Moor entspannen, in heißen Quellen baden oder den Kreislauf beim Tre-ten im eiskalten Wasser in Schwung bringen, das tut der Gesundheit gut. Slow Food, Fastenküche, Massagen

Hoch überragt Schloss Vaduz das kleine Fürstentum Liechtenstein

und lange Spaziergänge bringen Körper, Geist und Seele am Bodensee wieder in die Balance.

Stille Adventszeit

Ende Oktober stellen die Kursschiffe der Weißen Flotte den Verkehr ein, und viele Gaststätten und Hotels schließen ihre Pforten. Es wird ruhig am See, wenn die stolze Seefontäne in Friedrichshafen nicht mehr sprudelt, die Brunnenwasser nicht mehr fließen und die Bepflanzungen in den Parks auf kältebeständig umgestellt worden sind. Die jetzt eintreffenden Herbst- und Winterurlauber lieben die Stille rund um den Bodensee, wenn dichte Nebel aufziehen, Fröste einsetzen und der Schnee in den Bergen fällt. Spaziergänge durchs bunte Herbstlaub oder Schwitzen in einer Thermen-Sauna sind jetzt angesagt oder Skifahren und Schneeschuhwandern in den Höhenlagen Vorarlbergs, Liechtensteins und der Ostschweiz. Heißgetränke in heimeligen Cafés, Wirtshäusern und vor allem auf den zahlreichen Weihnachtsmärkten rund um den See sorgen für romantische Adventsstimmung.

Geheimnisvolles Liechtenstein

Obwohl das Fürstentum Liechtenstein keinen direkten Seezugang besitzt, ist das Land touristisch fest in der Bodenseeregion verankert, nicht zuletzt dank der perfekten Anbindung durch Autobahnen, umliegende Flughäfen sowie Fahrrad- und Wanderwege. Das großzügige Wander-, Genuss- und Kulturangebot Liechtensteins, gepaart mit der einzigartigen Ge-

Ob Segeln, Rudern oder Wakeboarden – am Bodensee liebt man Wassersport

schichte, ist für Gäste aus dem Bodenseeraum äußerst attraktiv.

Touristische Begleitmusik

Ab Ostern bis in den Spätsommer hinein genießen Urlauber und die einheimische Bevölkerung unzählige Feste und Events, die mit kulinarischen Genüssen abgerundet perfekt in Szene gesetzt werden. Doch mancherorts besteht auch am Bodensee die Gefahr, den berühmten Bogen zu überspannen. Man steht in der Vierländerregion bei stetig wachsender Nachfrage vor der grundlegenden Überlegung, wie die beliebte »Reisemarke Bodensee« auch unter Berücksichtigung der Belange der einheimischen Bevölkerung sowie von Umwelt und Natur erhalten bleiben und in der Zukunft nachhaltig ausgerichtet werden könnte.

Vierländerregion Bodensee
Deutschland, Österreich, Schweiz, Fürstentum Liechtenstein

Währung Euro, Schweizer Franken

Bodensee Drittgrößter See Mitteleuropas, 273 km Uferlänge – davon 173 km (D), 28 km (A), 72 km (CH); 55 000 Schiffe auf dem See

Größte Stadt Konstanz (83 000 Einwohner)

Höchster Berg Säntis (2502 m)

Beliebtester Aussichtsberg Pfänder (1064 m)

Einwohner 3 Mio.

Touristen 7 Mio.

Gästeübernachtungen 12,5 Mio.

Fahrgäste Bodenseeschifffahrt (VSU) 3,8 Mio.

Gelebtes Sprichwort »Man muss nur wollen und daran glauben, dann wird es gelingen.« (Graf Zeppelin)

Das lieben Bodensee'ler über alles Ihren Bodensee, »Die Fischerin vom Bodensee« singen, Musizieren, Feste feiern, Weine schlotzen, Käsknöpfle und -spätzle, Felchen und St. Galler Bratwurst essen

Berühmte Bürger Ruth Maria Kubitschek, Martin Walser

Historische Persönlichkeiten Graf Zeppelin, Claude Dornier

Das will ich erleben

Die Vierländerregion Bodensee fasziniert mit ihrer Vielfältigkeit. Kunst- und Kulturinteressierte erleben fürstliche Momente in barocken Schlössern, Kirchen und Klöstern, besuchen Kunstausstellungen von Weltrang oder genießen eine Freilichtoper. Erlebnishungrige schnuppern Höhenluft bei einem Zeppelinflug, gleiten mit der Bodenseeschifffahrt über den See, wandern oder schweben mit Bergbahnen zu Aussichtspunkten mit herrlichen Weitblicken. Feste und Feuerwerke, Gaumenfreuden, feine Weine und herzliche Gastlichkeit machen die Region zu einem spannenden Reiseziel.

Kurzurlaub an Bord

Die Ruhe und die Weite des Bodensees lassen sich entspannt bei einer Dampferfahrt genießen. Das beeindruckende Alpenpanorama macht eine Seefahrt zu einem unvergesslichen Ferienerlebnis. Wer die gewaltige Kraft von Wasser hautnah erleben möchte, begibt sich zum berühmten Rheinfall bei Neuhausen, wo riesige Wassermengen den Hochrhein hinabstürzen.

Panoramablicke

Von vielen Aussichtspunkten lassen sich wunderbare Rundumblicke auf Alpen und Bodensee richten. Bei Föhnlagen ist der Säntis-Blick einfach grandios, und vom Pfänder weitet sich der Bodensee bis Konstanz. Rundflüge mit dem »Zeppelin NT« ergänzen das Panoramaerlebnis.

Weltkulturerbe

Die älteste Bibliothek der Schweiz und der St. Galler Stiftsbezirk sind UNESCO-Weltkulturerbe, ebenso die Insel Reichenau dank ihres großen mittelalterlichen Benediktinerklosters und die »Prähistorischen Pfahlbauten« in der
Region. Die Rekonstruktion eines Dorfausschnitts wird im
Freilichtmuseum Unteruhldingen gezeigt.

Barocke Prachtbauten

Prunkvolle Kirchen, Klöster und Schlösser reihen sich
entlang der Oberschwäbischen Barockstraße zu einem
monumentalen Gesamtkunstwerk.

Burg- und Schlossromantik

Weithin sichtbar erhebt sich Burg Meersburg über den
Bodensee, und auch Burg Gutenberg thront erhaben als
Wahrzeichen der Liechtensteiner Gemeinde Balzers auf
einem Felskopf im Rheintal. Das Deutschordenschloss
Mainau wurde im 18. Jh. auf dem Burgstall der abgebro-
chenen Burg Mainau errichtet.

Opernspektakel und Kunstgenuss

Der östliche Bodenseeraum brilliert mit Kunstsammlungen und Ausstellungen namhafter Künstler in bemerkenswert avantgardistischen Gebäuden. Einzigartig ist auch die weltweit größte Seebühne vor Bregenz, auf der spektakuläre Freilichtopern aufgeführt werden.

Feste und Feuerwerke

Höhepunkte vieler Sommerfeste in der Bodenseeregion sind glanzvolle Feuerwerke von mindestens einer halben Stunde Dauer. Das Konstanzer Seenachtfest übertrumpft dabei alle Himmelsspektakel.

Feine Tropfen probieren

Winzer und Weingüter stellen ihre Wein- und Sektspezialitäten im Rahmen von Degustationen vor. Beliebte Rebsorten sind Müller-Thurgau, Muskateller, Weißherbst, Rosé, Grau-, Weiß- und Spätburgunder.

Köstliche Speisen bei Traumsicht

Der Genuss saisonaler Produkte nimmt nicht nur in der Spitzengastronomie einen hohen Stellenwert ein. Fischspezialitäten, Wild, herrliches Gemüse, regionale Traditionsgerichte und wunderbare Weine sind das Markenzeichen der Bodenseeküche.

Einkaufsverführung

In verwinkelten Altstadtgassen lässt es sich gemütlich bummeln. Das vielfältige Warenangebot steckt oft voller Überraschungen.

Wanderlust

Für das Wandern direkt am Bodensee oder in den Hügellandschaften und Bergen finden sich traumschöne und erlebnisreiche Wegstrecken.

Unterwegs

Majestätische Alpen, malerische Inseln, reizvolle Städte – rund um den Bodensee gibt es viel zu entdecken. Barocker Glanzpunkt am nördlichen Seeufer ist die Basilika Birnau

Konstanz und Umgebung

Idyllische Schifffahrt auf Rhein- und Untersee, Gärten, Literaten,
Maler, Welterbe – die Schatzkiste Bodensee West ist prall gefüllt!

Reisende finden am westlichen Bodensee natürlich belassene Ufer mit einzigartiger Flora und Fauna. Herrliche Inseln, Buchten und sanfte Anhöhen, Burgen, romantische Schlösser sowie ein hochkarätiges Kultur- und Shoppingangebot im pulsierenden Konstanz. Wahre Schätze sind in den Kirchen und Kapellen am westlichen Bodensee zu entdecken. Die Kirchengeschichte am See beginnt im frühen Mittelalter mit der Gründung des Bistums Konstanz. Schon im achten Jahrhundert folgten die Klostergründungen St. Gallen und Reichenau, die prägend für die gesamte Bodenseeregion werden sollten. Wer es in dieser anregenden Umgebung sportlich mag: Fürs Wandern, Radeln, Kanu- und Kajakfahren, Stand-up-Paddling, Kite-Surfen und Drachensegeln steht alles bereit. Und überall feinste Verwöhngastronomie, die hilft, im Urlaub einen Gang herunterzuschalten – sich der Schönheit des westlichen Bodensees genüsslich hinzugeben. Ein weiterer ganz heißer Tipp fürs »Seelebaumeln-Lassen« – einfach vom

Konstanzer Hafen in See stechen und mit der Weißen Flotte über den Ober- oder Untersee gleiten.

In diesem Kapitel:

ADAC Top Tipps:

Konstanz
| Altstadtbild |
In der pulsierenden Konzil- und Universitätsstadt mit ihren prächtigen mittelalterlichen Bauwerken herrscht entspannter Lifestyle. 18

Insel Mainau
| Garteninsel |
Das berühmte Gartenparadies mitten auf dem See versprüht mediterranen Charme und lockt zu jeder Jahreszeit. 30

ADAC Empfehlungen:

Imperia, Konstanz
| Skulptur |
Die Statue des Bildhauers Peter Lenk zeigt allegorisch die Macht der Edelkurtisane über Papst und König. 19

 Steigenberger Inselhotel, Konstanz
| Ehemaliges Kloster |
Im geschichtsträchtigen Gebäude residiert heute ein Luxushotel. 22

 Münster Unserer Lieben Frau, Konstanz
| Kirche |
Vom Turm des ehemaligen Bistumssitzes genießt man einen herrlichen Blick über Konstanz. 23

 Insel Reichenau
| UNESCO-Weltkulturerbe |
Eine lebendige Verbindung zwischen Gegenwart und Vergangenheit. 31

1 Konstanz

Pulsierendes Leben in der größten Stadt am Bodensee

Blick über Konstanz

i Information

 Tourist-Information, Bahnhofpl. 43 (im Bahnhof), 78462 Konstanz, Tel. 075 31/ 13 30 30, www.konstanz-tourismus.de

 Parken: siehe S. 26

1 Mittelalterflair, Kunst, Kultur, Shopping und Genuss

Zur Zeit des Konstanzer Konzils von 1414 bis 1418 – dem größten Zusammentreffen von Kardinälen, weltlichen Fürsten, Religions- wie Rechtsgelehrten und dem Gegenpapst Johannes XXIII. auf Einladung des deutsch-römischen Königs Sigismund – war Konstanz (gespr. »Konschtanz«) geistiger und politischer Mittelpunkt der christlichen Welt. Reisende, die den Mächtigen an den Bodensee gefolgt waren, logierten in gemieteten Unterkünften, erkundeten und genossen die charmante Region des Untersees, fuhren Schiff, besuchten die Klosterinsel Reichenau, Meersburg und Überlingen oder die Wallfahrtsstätten rund um den See. Sie feierten Feste, kauften ein und ließen sich Speis und Trank munden – ganz so wie heute, 600 Jahre später, der Konstanztourist der Neuzeit. Heute ist Konstanz, dessen Geschichte bis in die Römerzeit zurückreicht, mit knapp 83 000 Einwohnern

Plan
S. 20/21

führt die prächtige Promenade der Stadt, die Seestraße, vorbei an Villen und dem Luxushotel »Riva« zum Casino Konstanz. Rings um diese Flaniermeile im Stadtteil Petershausen hat die Konstanzeleganz ihr sichtbares Zuhause.

 Sehenswert

1 **Imperia**
| Skulptur |

 Macht der Edelkurtisane über Papst und König

Laut Chronist Ulrich von Richental waren zur Zeit des Konstanzer Konzils rund 700 Kurtisanen in der Stadt anwesend. Der Bildhauer Peter Lenk hat dieses liebesdienerische Tabuthema allegorisch und satirisch mit der neun Meter aufragenden Statue »Imperia« aufgegriffen und in Beton gegossen. Als Zeichen ihres großen Einflusses hält die mittelalterliche Dirne die nackten Figuren von Papst Martin V. und König Sigismund in ihren Händen. 1993 wurde die Imperia an der Kon-

die größte Stadt am Bodensee. Die moderne Exzellenz-Universität bildet mit 209 Professoren knapp 12 000 Studenten aus und beschert Konstanz den Ruf einer renommierten Stadt der Lehre und Forschung.

Konstanz wurde im Zweiten Weltkrieg nicht bombardiert. So blieb das Stadtbild mit mittelalterlichen Bauwerken im Altstadtkern erhalten. Entlang der trubeligen Marktstätte wurden die Fassaden der Häuser liebevoll saniert. Zwischen Münster und Rhein liegt der Stadtteil Niederburg. Hier wandelt man durch enge historische Gassen und genießt die mittelalterliche Atmosphäre. Von der alten Rheinbrücke

ADAC *Spartipp*

Mit der **VHB-Gästekarte** fahren Urlauber, die am westlichen Bodensee übernachten, kostenfrei mit den öffentlichen Verkehrsmitteln Bus und Bahn. Die Schifffahrtsgesellschaft Untersee und Rhein bietet 20 % Ermäßigung. Viele Sehenswürdigkeiten gewähren kostenfreien Eintritt oder Rabatte bei Vorlage der Karte.

1 Konstanz

Wollmatinger Ried **12** ←
(2,6 km)

33

Winterer-

Handels-
lehranstalt

Weber- Fach-
hochschule

P a r a d i e s

Rheingut-
Sporthalle

Alfred-Wachtel-Str.

Rheingutstr.

DEUTSCHLAND

Labhardsw.

Löhrystr.

str.

Rheingutstr.

Garten-

Feldstr.

Vincentius
Krankenhau

Fischenz

St.-Martins-
Kapelle

str.

Schobuliweg

Garten-

Zasius-

Brauneggerstr.

Schottenstr.

Grießeggstr.

fischstr.

Wallgut-

str.

Turnierstr.

Brüel-

Ellenriederstr.

Muntpratstr.

Marienhausg.

Lenk-Brunne

Mangold-

Mayen-

Richentalstr.

str.

St.

Gottlieber Str.

Schulstr.

Polizei St. Step

Alten

Marmorstr.

Dacherstr.

Zum Hussenstein

Schulthaißstr.

str.

Gutlestr.

Luther-
platz Para

Luther-
kirche

str.

Grenzbachstr.

Leinerstr.

Laube

Graben

Blarer-

Tägermoos-

Kunst- und
Kulturzentrum K9

7

Palmen-
haus

Döbele-

Schützen-

str.

Obere

9 Neu-

Hussen

Bruder-

Hus-
Museum

SCHWEIZ

Schnetztor

Bodan-

Döbele-
platz

Grenzbachstr.

Zur Laube

Kreuzlinger

Scheffelstr.

Döbelstr.

Zollamt
Emmishofer
Tor

Konstanzer Emmishofer Str.

Str.

Schwedenschanze

Gefällt Ihnen das?

Die oftmals viel diskutierten **Skulpturen von Peter Lenk** sind in der ganzen westlichen Bodenseeregion zu sehen, so auch in **Singen** (S. 36), **Überlingen** (S. 44) und **Meersburg** (S. 49).

stanzer Hafeneinfahrt bei Nacht und Nebel auf dem Privatbesitz der Deutschen Bahn aufgestellt. Was zunächst einen riesigen Skandal in kirchlichen und konservativen Kreisen auslöste, ist heute nicht mehr wegzudenken. Die Edelkurtisane Imperia ist Kult, oft fotografiert und mittlerweile ein bedeutendes Wahrzeichen der Stadt.

◾ Hafenstraße

② Konzilgebäude
| Historisches Gebäude |

Während des Konstanzer Konzils wurde die Kirchenspaltung aufgehoben und Oddo di Colonna im Konzilgebäude zum alleinigen Papst Martin V. gewählt. Das »Conciliumsgebäude« aus dem Jahr 1391 wurde als Lager- und Versammlungshaus genutzt. Heute finden in dem mittelalterlichen Profanbau Veranstaltungen statt. Die Seeterrasse des Restaurants lädt zum Verweilen in der stimmungsvollen Hafenatmosphäre ein.

◾ Hafenstraße 2, Tel. 075 31/212 21

③ Steigenberger Inselhotel
| Ehemaliges Kloster |

Kerkerort für Reformator Jan Hus und Geburtshaus Graf Zeppelins

Auf der kleinen Insel vor der Niederburg wurde 1235 das Dominikanerkloster in herrlichster Seelage gegründet. In dem historischen Gemäuer ist heute das luxuriöse Inselhotel Steigenberger (S. 39) beheimatet. Zur Zeit des Konzils logierten hier Gäste. Der als Ketzer angeklagte Reformator Jan Hus verharrte monatelang im Klosterkerker. Im ehemaligen Kirchenschiff sind sakrale Wandmalereien aus dem 13. Jh. zu sehen. Nach der Säkularisierung nutzte die Unternehmerfamilie Macaire das Gebäude als Textilfabrik. Hier kam 1838 Ferdinand als Sohn des Hofmarschalls und Baumwollfabrikanten Friedrich Graf von Zeppelin zur Welt.

◾ Auf der Insel 1, Tel. 075 31/12 50, www.steigenberger.com

④ Archäologisches Landesmuseum
| Landesmuseum |

Das Archäologische Landesmuseum Baden-Württembergs (ALBW) stellt Forschungsergebnisse von 8000 v. Chr. bis ins 19. Jh. aus. In der Außenstelle Konstanz, im Konventgebäude der ehemaligen Benediktinerabtei Petershausen, sind Funde aus der Konstanzer Umgebung zu sehen, darunter die »Trossinger Leier«, ein Zupfinstrument der Alemannen um 580.

◾ Benediktinerpl. 5, Tel. 075 31/980 40, www.konstanz.alm-bw.de, Di–So, Fei 10–18 Uhr, 5 €, erm. 1 €, 1. Sa/Monat Eintritt frei

⑤ Haus zur Kunkel
| Fresken |

Im Haus zur Kunkel wurden erst 1936 sensationelle Schätze entdeckt – mittelalterlicher Fresken aus dem frühen 14. Jh. Es ist zurzeit das einzige profan genutzte Gebäude mit Wandmalereien aus dem Parzifal-Epos des Wolfram von Eschenbach. Gut erhalten sind die kunsthistorisch bedeutenden Weber-

Die »Majestas Domini« in der Krypta des Münsters ist ein einzigartiger Schatz

fresken der für die damalige Zeit ungewöhnlichen Darstellungen von Frauen im Beruf.

■ Münsterpl. 5, Besuch/Anmeld. Kulturbüro, Tel. 075 31/90 09 09, Eintritt frei

⑥ Münster Unserer Lieben Frau
| Kirche |

 In der Krypta wird die Goldscheibe »Majestas Domini« aufbewahrt

Das Münster Unserer Lieben Frau (um 600 erbaut, erstmals 780 urkundlich erwähnt) war das wichtigste kirchliche Gebäude in Konstanz, worin die Bischöfe von 600 bis 1821 ihren Bistumssitz hatten. In der ehemaligen Bischofskathedrale, die auch heute noch alle städtischen Bauwerke überragt, fanden viele Veranstaltungen des Kirchenkonzils statt. Nach Aufhebung des Bistums 1821 wurde das Münster römisch-katholische Pfarrkirche. Die dreischiffige Säulenbasilika zählt zu den bedeutendsten romanischen Kirchen Südwestdeutschlands. Fantastische Chorräume, die Krypta mit der Goldscheibe »Majestas Domini« als einzigartiger Schatz der christlichen Welt, Barockaltäre und die angrenzen-

ADAC *Mittendrin*

»Ho Narro!« – der »Schmotzige Dunschtig« (Donnerstag vor Aschermittwoch) ist der höchste Feiertag der fünften Jahreszeit. Er versetzt ganz Konstanz außer Rand und Band. Zum nächtlichen Hemdglonkerumzug versammeln sich Tausende Narren jeden Alters in weißen Schlafgewändern, mit weißen Handschuhen und Nachtmützen auf dem Kopf, um begleitet von Fanfarenzügen lärmend durch die Konstanzer Altstadt zu ziehen und die proppevollen Wirtshäuser zu erstürmen. Hinein quetscht man sich noch durch die Tür, doch raus geht's nicht selten am besten wieder aus den Fenstern.

de vorromanische »Mauritiusrotunde«, um 940 von Bischof Konrad von Konstanz in Anlehnung an die Jerusalemer Grabeskirche gebaut, sind zu besichtigen. Eine enge Treppe mit 193 Stufen führt auf den Münsterturm. Dort oben verlockt ein schöner Blick auf Konstanz, Kreuzlingen und die Konstanzer Bucht.

■ Münsterpl. 1, Führung (Sommer/Anmeld.), Tel. 075 31/369 24 15, 2 €, Kinder 1 €, Turmbesichtigung (Karten am Verkaufsstand), Mitte März–Ende Okt. Mo–Fr 10–17.30, So, Fei 12.30–18 Uhr, 2 €, Kinder 1 €

7 St. Stephan
| Basilika |

Die dreischiffige Basilika St. Stephan mit ihrer klar gegliederten Baustruktur und dem seitlichen Turm gilt als älteste Kirche in Konstanz und reicht in die Römerzeit zurück. Während des Konstanzer Konzils (1414–1418) diente die Stephanskirche dem päpstlichen Gericht als Tagungsort. Ihre Ausstattung wurde im Bildersturm zur Zeit der Reformation vernichtet. St. Stephan wurde im Laufe der Jahrhunderte mehrfach umgebaut.

■ Sankt-Stephans-Pl. 37

ADAC *Mobil*

Die **Autofähre Konstanz–Meersburg** ist mit 15 Min. Fahrtzeit die schnelle Alternative zur Pkw-Fahrt der 58 Kilometer langen Strecke um den Überlinger See. Konstanz/Staad: Kurse ab 0.05–23.05, 6–21 Uhr alle 15 Min. (Saison), Preis/Person 3 €, Kinder 1,50 €, Pkw ab 8 €; Tickets an Bord, nur gegen Bargeld. Wer auf sein Auto für die Überfahrt verzichtet, findet in Konstanz Parkplätze.

8 Rosgartenmuseum
| Museum |

Das Rosgartenmuseum – 1870 von Apotheker und Stadtrat Ludwig Leiner gegründet – präsentiert städtische und regional bedeutende Exponate der Kunst- und Kulturgeschichte. Das im Mittelalter Metzgern, Krämern, Apothekern, Hafnern und Seilern dienende Zunfthaus wurde 1324 erstmals erwähnt. Vom Zusammenschluss mit dem Nachbarhaus »Zum Schwarzen Widder« (1454) zeugen heute am Museumsportal die Wappen beider Häuser. Im Museumscafé wird in historisch stilvollem Ambiente an Persönlichkeiten der Stadtgeschichte erinnert. In der wärmeren Jahreszeit bietet der idyllische Innenhof die Möglichkeit zur Entspannung.

■ Rosgartenstr. 3–5, Tel. 075 31/90 02 45, www.rosgartenmuseum.de, Di–Fr 10–18, Sa, So, Fei bis 17 Uhr, 3 €, Kinder 1,50 €

9 Hus-Museum
| Museum |

Die Stadt Konstanz und das tschechische Kulturministerium halten im Hus-Museum die Erinnerung an Leben und Werk des tschechischen Gelehrten und Reformators Jan Hus wach, der am 6. Juli 1415 wegen Ketzerei vom Konzil zum Tode auf dem Scheiterhaufen verurteilt wurde.

■ Hussenstr. 24, Tel. 075 31/290 42, April–Sept. Di–So 11–17, Okt.–März Di–So 11–16 Uhr, Eintritt frei

10 Sea Life Konstanz
| Erlebnisaquarium |

Das »Sea Life Konstanz« mit über 3500 Tieren aus aller Welt wie Riesenpacus, Buntbarsche, Pfauenaugenstechrochen, Stirnlappenbasilisken, Tiger-Spatelwelse und Pfeilgiftfrösche tummeln

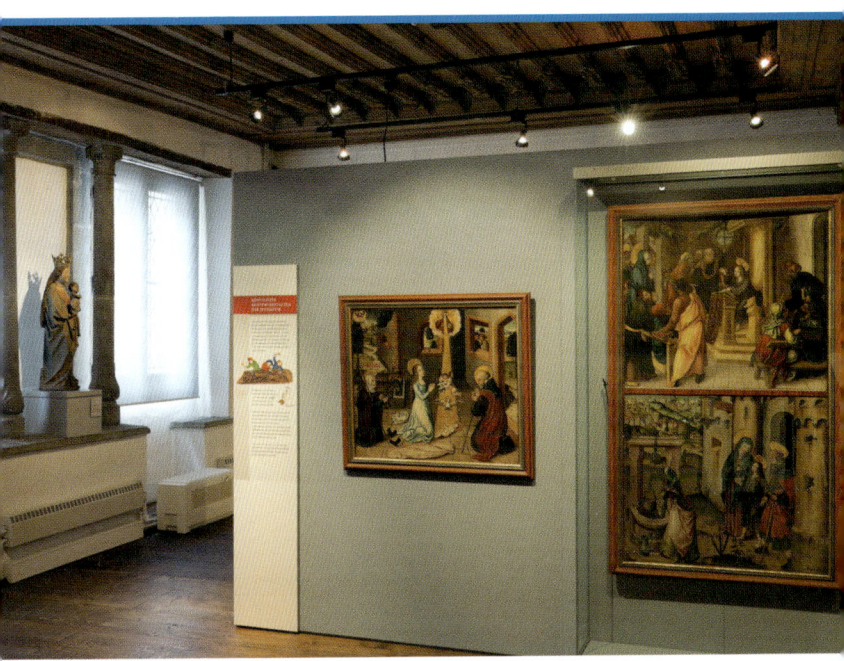

Mittelalterliche Ikonen im Rosgartenmuseum

sich in mehr als 35 Becken. In dem Gebäude ist auch das Bodensee-Naturmuseum beheimatet, das die Entstehung des Bodensees und seinen Lebensraum für Tiere und Pflanzen spannend zur Schau stellt.

■ Hafenstr. 9, Tel. 01 80/666 69 01 01, www.visitsealife.com, Jan.–Juli/ Sept.–Dez. 10–17, Juli 10–18 Uhr, 17,75 €, Kinder 12,95 €, www.konstanz.de/ naturmuseum: 2 €, Kinder 1 €

11 Weiße Flotte
| Bodenseeschifffahrt |

Von Konstanz aus erkundet man den Untersee am besten mit dem Zeller-See-Ticket der »Weißen Flotte«. Die Tour führt durch das nur 2 km lange Nadelöhr des Seerheins in eine so ganz andere Bodenseewelt. Entspannt tuckern die Schiffe der Konstanzer Bodensee-Schiffsbetriebe (BSB) durch eine urige Seenlandschaft der deutschen und schweizerischen Ufer. Sportlich ist, die Unterseelandschaft und ihre vielfältigen Sehenswürdigkeiten mit Schiff und Rad zu erleben. Eine schöne Route ist es zudem, von Konstanz nach Mannenbach und von dort an Bord eines Schiffs zur Insel Reichenau zu fahren. Danach dann weiter nach Radolfzell radeln.

■ Zeller-See-Ticket, BSB, Hafenstr. 6, Tel. 075 31/364 00, www.bsb.de

12 Wollmatinger Ried
| Naturschutzgebiet |

Im Landkreis Konstanz sind 65 Naturschutzgebiete ausgewiesen, das älteste (1938) ist das Wollmatinger Ried. Es ist nicht frei zugänglich. Exkursionen des Naturschutzbunds NABU führen zur Beobachtung seltener Tier- und Pflanzenarten. Zwei Lehrpfade mit

Im Blickpunkt

Das Wollmatinger Ried

Das Naturschutzgebiet »Wollmatinger Ried-Untersee-Gnadensee« ist das größte Naturschutzgebiet am Bodensee. Hier findet man rund 300 Vogelarten, zahllose Orchideen- und Enziansorten, Säugetiere, Amphibien und Insekten. Es ist Rastgebiet für Schwimmvögel, Brut- und Überwinterungsgebiet für Feuchtgebietsvögel. Weitläufige Streuwiesen, Schilfurwälder und Flachwasserzonen schützen das Ufer des Sees. Im Sommer blühen Sibirische Schwertlilien, Pracht- und Karthäusernelken, blaue Glockenblumen und das weiße Taubenkropf-Leimkraut. Fluss-Seeschwalben, Schwarzhalstaucher, Haubentaucher, Zwergrohrdommeln, Sumpfrohrsänger, Drosselrohrsänger, Teichrohrsänger und Rohrammern ziehen ihre Vogelkinder im Schilf auf – ihr tschilpendes Familienleben ist von einer Aussichtsplattform aus gut zu beobachten.

Beobachtungsplattformen an der Spitze der Halbinsel Mettnau, am Campingplatz Hegne und auf dem Reichenauer Inseldamm stehen jedoch Naturliebhabern zur Verfügung, die selbstständig auf Erkundungstour gehen wollen. Stabiles Schuhwerk, Gummistiefel, lange Hosen, Regenzeug, ein Fernglas und im Sommer Sonnen- und Mückenschutz mitnehmen. Hunde dürfen nicht ins Ried.

■ Treffpunkt Führungen: Vogelhäusle, Fritz-Arnold-Str. 2 e, Konstanz, Führung (3 Std.) ohne Anmeldung, ganzjährig 1./3. So/Monat, 8.30, April–Sept. Mi/Sa 16 Uhr, 8 €, Kinder 5 €

 Parken

Parkhaus Altstadt, 24 Std./18 €, Bodenseeforum 500 Parkplätze, ganztags 3 €, alle Parkplätze unter www.konstanz-tourismus.de/service

 Restaurants

€ | Historische Fähre Konstanz am Hafen Im Sommer bei schönem Wetter tagsüber kleine Speisen an Deck. ■ www.HFKN.de, Plan S. 20/21 e4

€ | Tamaras Weinstube Zum Guten Hirten Urige Dünnele und Ochsenmaulsalat. ■ Zollernstr. 6–8, Tel. 075 31/ 28 43 18, www.tamaras-weinstube.de, Mo–Sa 16–24 Uhr, Plan S. 20/21 d3

€ | Weinstube Franz Fritz Seit 1422 im Haus zur Mugge ■ Niederburggasse 7, Tel. 075 31/213 67, Mo–Sa 17–24, Mi 10–14, 17–24 Uhr. Weinprobe bis 10 Pers. ohne Anmeldung, www.weinhandlung-fritz.de, Mo, Di 10–13, 15–18.30, Do, Fr 10–13, 16–23.30, Sa 10–13 Uhr, Plan S. 20/21 d2

€–€€ | Brauhaus Joh. Albrecht Konstanz Hausgebrautes und gutbürgerliche Küche. ■ Konradigasse 2, Tel. 075 31/

250 45, www.konstanz.brauhaus-joh-alb recht.de, tgl. ab 11.30 Uhr, Plan S. 20/21 d2

€–€€€ | **Umami Sushi & Grill** Gegrilltes aus dem Josper Holzkohleofen, die Sushis sind euro-asiatisch inspiriert. ■ Sigismundstr. 12, Tel. 07531/2842149, www.umami-konstanz.com/home.html, Mo–Sa 11.30–23, So, Fei ab 17.30 Uhr, Plan S. 20/21 d4

€€€ | **Ophelia** Zwei-Sterne-Gourmetrestaurant. Küchenchef Dirk Hoberg bringt moderne Haute Cuisine mit Weinempfehlungen von Maître Werner Hinze auf den Tisch. ■ Seestr. 25, Tel. 075 31/36 30 90, www.hotel-riva.de, Do–Mo ab 19 Uhr, Plan S. 20/21 f2

ADAC *Wussten Sie schon?*

Die **Autofähre Konstanz–Meersburg** (gegr. 1928) ist Europas frequenz- und beförderungsstärkste Binnen-Fährverbindung. Die Schiffe der Stadtwerke Konstanz transportieren auf der 4,8 km langen Strecke an 365 Tagen im Jahr rund um die Uhr über vier Millionen Fahrgäste, ca. 1,4 Mio. Pkws, dazu kommen Räder, Busse und Lastwagen. Rund 320 000 Kilometer werden so zurückgelegt – knapp acht Erdumrundungen.

 ## Cafés

Café Zeitlos Kultiger Treff, versteckt bei der Stephanskirche gelegen, zum Früh- oder Spätstücken im Rosengarten des Cafés oder im gemütlichen Bistro. ■ St.-Stephans-Pl. 25, Tel. 075 31/ 18 93 84, www.cafe-zeitlos.net, Di–Fr 9.30–24, Sa–Mo bis 18 Uhr, Plan S. 20/21 c3

 ## Einkaufen

Konstanz ist ein Einkaufsparadies und eine Shoppingverführung par excellence: Über 400 Fachgeschäfte in den Gassen der Altstadt und das LAGO, die größte Einkaufsmall am Bodensee, locken mit einem riesigen Warenangebot und günstigen Überraschungen.

Das LAGO lässt Einkaufsherzen höherschlagen

Im Blickpunkt

»Höri-Bülle« und Genussurlaub an Bord

Die Untersee-Gastronomie verwöhnt mit vielen kreativ zubereiteten regionalen Produkten und besonderen Fischspezialitäten. Ein Geheimtipp ist die milde, aromatische »Bülle«. Dieser auf der Halbinsel Höri traditionell – und nur mit eigenem Saatgut (!) – angebauten Diva unter den Zwiebelsorten wird jährlich am ersten Sonntag im Oktober in der kleinen Gemeinde Moos ein großes Fest gegeben, das Büllefest. Dann lassen sich Tausende Büllefans Zwiebelkuchen und weitere Köstlichkeiten zu einem guten Tropfen Wein schmecken. Selbst Ausflugsschiffe verwandeln sich in schwimmende Genusstempel. Da wird vor herrlicher Naturkulisse an Bord nach Herzenslust gebruncht, zum Pasta-Plausch verlockt, gegrillt oder zur deftigen Schlachtplatte mit Kartoffelpüree und Sauerkraut bei Livemusik in See gestochen.

Auf dem Konstanzer **Weihnachtsmarkt** wird Kunsthandwerk an reich geschmückten Buden angeboten.

 Kneipen, Bars und Clubs

KantineKN Am Abend und an Wochenenden ein begehrter Club. Preiswerter Mittagstisch mit kleiner Speisekarte. ■ Oberlohnstr. 3, www.kantine-kn. de, Club: Mi 23–4, Fr, Sa bis 5 Uhr, Plan S. 20/21 a1

Klimperkasten Cocktailbar mit gemütlichem Ambiente. ■ Bodanstr. 40, tgl. 18–1 Uhr, Plan S. 20/21 c4

 Events

Auf dem **Konstanzer Seenachtfest** am 2. Augustwochenende sind Feiern, Schlemmen und ein fantastisches Klangfeuerwerk als Höhepunkt angesagt. Ein Sommerfestival, das man erlebt haben sollte. ■ Festmeile: Seestraße, Stadtgarten bis Schweizer Grenze. Eintritt ab 15 €, Tickets online unter www. seenachtfest.de, Plan S. 20/21 f2

 Erlebnisse

Das thematisch äußerst vielfältige und spannende Angebot von Stadtführungen lässt über 2000 Jahre Konstanzer Zeitgeschichte lebendig werden. Ein ganz besonderes Erlebnis dabei sind die inszenierten **Kostümführungen**. Man schreitet mit Imperia, Landsknecht, Spielmannsfrau, Nachtwächter, Jan Hus oder Henker durch die Gassen der Stadt und lauscht erfundenen Geschichten, Gedichten, Liedern, Anekdoten, wahren Begebenheiten und Legenden. ■ Anfragen bei Christine Furtwängler, Tel. 075 31/13 30 26, www. konstanz-tourismus.de, ab 10 €

Im Sea Life sind Kinder den Meerestieren ganz nah

ADAC *Mobil*

Konstanz als touristisches Zentrum der Region Hegau-Bodensee leidet unter der ständig zunehmenden Zahl an Pkws und überlasteten Straßen. Das Mobilitätsmanagement bemüht sich, den motorisierten Individualverkehr im Stadtbereich zu verringern und bittet, möglichst öffentliche Verkehrsmittel oder das Fahrrad zu nutzen. Das Konstanzer »**Kultur-Rädle**« am Hauptbahnhof bietet Fahrräder aller Art zum Verleih. Wer jedoch nicht selbst in die Pedale treten möchte, lässt sich am besten mit dem **Rikscha-Taxi »Seepferdle«** chauffieren. *Bahnhofpl. 29, Tel. 075 31/273 10, www.kultur-raedle.de, Rad/Tag 13 €, E-Bike 25 €; Fahrradtaxi »Seepferdle«, 2 Pers. bis 1 km/5 €, Brückengasse 9, Tel. 01 76/23 85 86 76, www.seepferdle-express.de*

 Entspannung

Konstanzer Bodensee-Therme In der Thermenlandschaft, die mit reinem Mineral-Thermalwasser gespeist wird, tut sich in moderner Architektur eine Wassererlebniswelt der Spitzenklasse auf. Sauna, Thermalbad und Wellnesszone verwöhnen rundum und sorgen für Tiefenentspannung. Den Sommer über lädt das dazugehörende große Freibad zum Baden und Erholen ein. ■ Wilhelm-von-Scholz-Weg 2, Tel. 075 31/ 36 30 70, www.therme-konstanz.de, tgl. 9–22, ab 8,50 € (1,5 Std.), Freibad Mai–Sept. 9–22 Uhr, Parkhaus 1,5 Std., 1 €

 Kinder

Im **Sea Life Konstanz** (S. 24) erleben Kinder die Unterwasserwelt hautnah. Als besonderes Highlight wird ein Kindergeburtstag mit Schatzsuche angeboten. Mutige erkunden den Lebensraum des Roten Meeres in einem Unterwassertunnel.

Insel Mainau

 Garteninsel mit Schlossromantik, Blumenpracht und Rosenduft

ℹ Information

■ Tourist-Information, Mainau GmbH, Insel Mainau, 78465 Insel Mainau, Tel. 075 31/30 30, www.mainau.de

In den Parkanlagen der Blumeninsel Mainau wachsen Palmen, Tulpen, Rosen, riesige Mammutbäume, Atlas- und Libanon-Zedern. Von weither kommen Besucher, um »die Mainau« zu genießen – die Orchideenschau, das tropische Schmetterlingshaus und die Dahlien. Ein Insektengarten informiert über die Bedeutung der Wild- und Honigbienen. Graf Lennart Bernadotte hat das Pflanzenparadies auf dem ehemaligen Sommersitz seines Urgroßvaters Großherzog Friedrich I. von Baden geschaffen. Seine Kinder Bettina Gräfin Bernadotte und Björn Graf Bernadotte führen dieses prachtvolle Werk mit vielen neuen Ideen und Attraktionen in die Zukunft. Rund 250 000 Sommerblumen, 10 000 Rosenstöcke, 12 000 Dahlien und 200 Rhododendronarten und -sorten locken jährlich rund 1,2 Mio. Besucher an. Bis zu 300 Angestellte sorgen für den reibungslosen Ablauf auf der Insel.

👁 Sehenswert

Schloss Mainau mit Schlosskirche St. Marien

| Schloss |

Das von Johann Caspar Bagnato 1746 gefertigte barocke Deutschordenschloss bildet den prachtvollen Mittelpunkt der Insel Mainau. Am Westgiebel prangen die Wappen des Hochmeisters Clemens August von Bayern, des Landkomturs Philipp von Froberg und des Mainaukomturs Friedrich von Baden. Den Ostgiebel ziert das Wappen des Deutschen Ordens. Der Südflügel beherbergt das Schlosscafé, die Schlossboutique sowie das Hutatelier von Diana Gräfin Bernadotte. Zum Schlossensemble gehört auch die Barockkirche St. Marien mit Hochaltar und Skulpturen des Barockbildhauers Joseph Anton Feuchtmeyer.

■ Schloss tgl. 10–17 Uhr, Park ganzjährig von Sonnenauf- bis Sonnenuntergang geöffnet, 21 €, Kinder (bis 12 J.) Eintritt frei

Schmetterlingshaus

| Schmetterlingsausstellung |

Rund 120 verschiedene, frei umherflatternde tropische Tagfalterarten aus Afrika, Asien, Mittel- und Südamerika sind im Schmetterlingshaus zu bewundern. Sie lassen sich gelegentlich auf den Besuchern nieder, was zu den ganz besonders Glück bringenden Erlebnissen zählt. Die meisten dieser farbenprächtigen Zartflügler werden als Puppen von Zuchtfarmen der Herkunftsländer auf die Mainau gebracht.

■ Sommersaison tgl. 10–19, sonst bis 17 Uhr

Verkehrsmittel

Die Mainau ist mit Rad, Bahn, Bus, Pkw oder mit Bodenseeschiffen zu erreichen. In der Sommersaison pendelt ein Inselbus (Fahrtkosten 1,50 €) vom Festlandseingang auf die Insel.

Parken

Festlandparkplatz an der L219, Gebühr 5 €/im Winter frei.

Eine bunte Blütenpracht erwartet den Besucher auf der Mainau

Restaurants

€€-€€€ | Schwedenschenke Traditionsreiches Inselrestaurant in gemütlich schwedischem Landhausstil mit hochwertiger badischer und internationaler Küche und einer großen Auswahl regionaler Weine. Tagsüber erstklassig, schnell und preiswert, abends exquisite Gastronomie von internationalem Ruf. ■ Mainau-Bankettbüro, Tel. 075 31/ 30 31 56, www.mainau.de, Sommersaison tgl. 11–23, Winter 11.30–15 Uhr

Kinder

Im **Mainau-Kinderland** können sich die Minis auf den Abenteuerspielplätzen »Zwergendorf«, »Wasserwelt« und »Blumis Uferwelt« so richtig austoben, Tiere streicheln oder auf dem Mainau-Bauernhof auf Ponys reiten.

3 Insel Reichenau

 Kirchen und Gemüseanbau auf der größten Insel im Bodensee

Information

■ Tourist-Information, Pirminstr. 145, 78479 Reichenau, Tel. 075 34/920 70, www.reichenau-tourismus.de

Riesige Gemüsefelder, Gewächshäuser und Rebstöcke prägen das Bild der Reichenau. Haupterwerbszweig der 4,3 km² großen Insel ist der Gemüseanbau, dafür ist die Reichenau berühmt, und man kann überall frisch Geerntetes in bester Qualität kaufen. Doch seitdem die ganze Insel mit der historischen Klosteranlage samt Gurken, Salat und Co. ins UNESCO-Weltkulturerbe aufgenommen wurde, rückt neben der ökotrophologischen auch die historisch-kulturelle Bedeutung der Insel Reichenau zunehmend in den Vordergrund.

 Sehenswert

Klosterinsel Reichenau
| Kirchen |

Die Klosterinsel Reichenau wurde »als Kulturlandschaft, die ein herausragendes Zeugnis von der religiösen und kulturellen Rolle eines großen Benediktinerklosters im Mittelalter ablegt« im Jahr 2000 von der UNESCO zum Weltkulturerbe erklärt. Im Mittelpunkt stehen drei romanische Kirchen: das Marienmünster St. Maria und Markus in Reichenau-Mittelzell, St. Georg in Reichenau-Oberzell und St. Peter und Paul in Reichenau-Niederzell. Sie wurden vom 9. bis 12. Jh. erbaut. Das Marienmünster ist die größte Kirche der Klosteranlage, deren Gründung um 724 unter Abt Pirmin datiert. Der gotische Chor des Münsters führt in die Schatzkammer (15. Jh.), in der die Reliquie des Markusschreins (1305) aufbewahrt wird. St. Georg entstand Ende des 9. Jh. und enthält im Mittelschiff monumentale Wandbilder (10. Jh.) zu Wundertaten von Jesus Christus. Der von einem alemannischen Adelsgeschlecht abstammende Bischof Egino von Verona stiftete 793 St. Peter und Paul. 802 wurde er in dieser dreischiffigen Basilika beigesetzt. Sehenswert in der Apsis (1104–1105) ist die »Majestas Domini« – Jesus Christus auf seinem Thron, umgeben von Mensch, Löwe, Stier und Adler –, eine symbolische Darstellung der vier Evangelisten.

■ Marienmünster, Münsterpl. 4; St. Georg, Seestr. 4; St. Peter und Paul, Eginostr. 12

Museum Reichenau
| Museen |

Das Museum Reichenau informiert an vier Stätten über die herausragende historische Bedeutung der Insel. Der Museumskomplex will die gesamte

Die Gebeine des Evangelisten Markus im Markusschrein auf der Reichenau

Insel Reichenau als Kulturlandschaft und damit den »Geist der Reichenau« erlebbar werden lassen.

■ Ergat 1 + 3, Tel. 075 34/99 93 21, www. museumreichenau.de, April–Okt. tgl. 10.30–16.30, Juli–Aug. bis 17.30, Nov.–März Sa, So, Fei 14–17 Uhr, 3 €, Kinder (7–14 J.) 1,50 €; Standorte: Museum St. Georg/ Parkplatz Oberzell; Museum Reichenau/ Zentrum der Insel/Ergat; Museum St. Peter u. Paul/neben der Kirche

 Parken

Auf dem Festland am Bahnhof in Reichenau, auf der Insel ausschließlich in gebührenpflichtigen Parkzonen.

 Restaurants

€ | Sandseele Im Uferrestaurant auf dem Inselcampingplatz knackig-frisches Gemüse, Spätzle und Spareribs bei einem leckeren Inselwein auf der Terrasse genießen. ■ Zum Sandseele 1, Tel. 075 34/73 84, www.sandseele.de, tgl. 8.30–22 Uhr

€–€€ | Küferstüble Weinstube und Restaurant mit regionalen Köstlichkeiten. ■ Spiegelberg 17, Tel. 075 34/555, www. kueferstueble.de, Mi–Mo ab 17.30 Uhr

4 Gaienhofen

Künstlerlandschaft Höri – Refugium berühmter Dichter und Maler

 Information

■ Kultur- und Gästebüro Gaienhofen, Im Kohlgarten 2, 78343 Gaienhofen, Tel. 077 35/999 91 23, www.gaienhofen.de

Die Gemeinde Gaienhofen liegt an der Spitze der Halbinsel Höri. Hier ha-

Seit 1260 gibt es das Küferstüble auf der Reichenau

ben einst bedeutende Dichter und Maler wie Hermann Hesse, Otto Dix, Helmut Macke, Erich Heckel und Max Ackermann eine neue Heimat für ihre Familien und ihr künstlerisches Schaffen gefunden. Ein staatlich anerkannter Erholungsort in der Nachbarschaft Gaienhofens ist Öhningen. Zu entdecken sind hier das »Augustiner-Chorherrenstift« mit Renaissancekirche, der denkmalgeschützte untere Dorfbereich von Wangen und die aus romanischer Zeit stammende »Wallfahrtskirche St. Genesius« in Schienen. Originalfunde aus der prähistorischen Pfahlbauzeit zeigt das Museum Fischerhaus in Wangen. Seit 2011 stehen auch diese Exponate auf der Liste der UNESCO-Welterbestätten.

Im Blickpunkt

Felchen, Kretzer, Zander & Co.

Am Bodensee wird traditionell Fisch gegessen. Doch beliebte Speisefische wie Saibling, Zander und Kretzer sind seit Langem kaum mehr in den Fangnetzen der Bodenseefischer zu finden. Auch der Bestand des Felchens, eines schlanken Lachsfischs mit silbrigem Körper, in der Schweiz »Almeli« genannt, ist seit 2013 dramatisch zurückgegangen, weil der Bodensee in den vergangenen Jahren zu nährstoffarm geworden ist. Es wächst zu wenig Plankton, die Hauptnahrung der Felchen. Zudem räubert der etwa 1950 zugewanderte und heute sehr verbreitete Stichling den Fischlaich. Berufsfischer, die hauptsächlich vom Felchenfang leben, ringen um Abhilfekonzepte und um ihre berufliche Existenz. Die Zeit drängt, denn der beliebte »Bodenseefisch« auf den Tellern stammt mittlerweile zunehmend aus aller Welt: vom Ammersee, aus Italien, Kanada, Kasachstan und aus Sibirien.

 Sehenswert

Hesse Museum und Hermann Hesse Haus
| Museum |

Der Dichter Hermann Hesse lebte zwischen 1904 und 1912 in Gaienhofen. Ihm zu Ehren wurde das Hesse Museum Gaienhofen eingerichtet. Das als Privatmuseum geführte Hermann Hesse Haus, das sich der Dichter 1907 bauen ließ, gibt Einblicke in das Leben der Familie Hesse.

■ Hesse Museum Gaienhofen, Kapellenstr. 8, Tel. 077 35/44 09 49, www.hesse-museum-gaienhofen.de, Nov.–Mitte März Fr, Sa 14–17, So 10–17, Mitte März–Mitte Okt. Di–So 10–17 Uhr, 5 €, Kinder (6–14 J.) 2 €
■ Hermann Hesse Haus, Hermann-Hesse-Weg 2, Anmeldung: Tel. 077 35/44 06 53

Museum Haus Dix
| Museum |

Otto Dix, einer der bedeutendsten deutschen Künstler des 20. Jh., siedelte nach der Kündigung seiner Professur an der Dresdner Akademie durch die Nationalsozialisten an den Bodensee um. Sein Haus, das er 1936 mit seiner Familie in Hemmenhofen bezog, ist als Museum zu besichtigen.

■ Museum Haus Dix, Otto-Dix-Weg 6, Gaienhofen-Hemmenhofen, Tel. 077 35/93 71 60, www.gaienhofen.de/Kultur, Mitte März–Ende Okt. Di–So 11–18 Uhr, 5 €, Kinder (6–15 J.) 2 €

 Restaurants

€–€€ | Seerestaurant Schlössli Ausflugslokal mit hausgemachten Kuchen, regionalen Spezialitäten und Steaks.
■ Hornstaader Str. 43, Tel. 077 35/20 41, www.schloessli-horn.de, tgl. 12–22 Uhr

5 Radolfzell

*Früher ein Fischer- und Weinbauerndorf,
heute ein geschäftiger Ferienort*

 Information

◼ Tourist-Information, Bahnhofpl. 2,
78315 Radolfzell, Tel. 077 32/815 00,
www.radolfzell-tourismus.de

Bischof Radolt von Verona gründete
um 826 die »Cella Ratoldium«, aus der
die Stadt Radolfzell hervorging. Durch
die Altstadt lässt es sich heutzutage
sehr reizvoll bummeln und shoppen.
Strandbäder, Bootsverleih, viele Sport-
und Freizeitmöglichkeiten, Gärten, Kirchenbauten und Events machen die
Stadt zu einem attraktiven und bedeutenden Ferien- und Erholungsort. Am
Marktplatz nimmt die Skulptur »Kampf
um Europa« von Peter Lenk die deutsche Europapolitik der Ära Merkel aufs
Korn. Ein geführter Stadtrundgang zur
interessanten Historie von vor 1200
Jahren bis heute, die von der Tourist-Information vermittelt wird, ist lohnend.

 Sehenswert

Münster Unserer Lieben Frau
| Kirche |

Das Münster Unserer Lieben Frau
(1436–1550), eine dreischiffige Basilika
aus der Spätgotik, beherbergt Reliqui-
en der heiligen Hausherren Theopont,
Senesius und Zeno. Zur ursprüngli-
chen Innenausstattung des Münsters
gehören Fragmente eines gemalten
Kreuzwegs im Seitenschiff (um 1490)
mit Radolfzell als Hintergrundkulisse.
Die Pfarrkirche gilt geistlich und städ-
tebaulich als markantes Wahrzeichen
von Radolfzell.

*Beschauliches Treiben in der Altstadt
von Radolfzell*

 Restaurants

€€ | **Omas Küche im Liesele** Haus-
mannskost badischer und schwäbi-
scher Küche mit Sonntagsbraten wie
früher mitten in der Altstadt von Radolfzell. ◼ Höllstr. 3, Tel. 077 32/97 22 15,
www.liesele.de, tgl. 11.30–23 Uhr

€€ | **Strandcafé Mettnau** Ausflugslokal
mit leckerem Eis, Kaffee & Kuchen auf
traumhafter Seeterrasse, Fisch- und
Wildspezialitäten. ◼ Strandbadstr. 102,
Tel. 077 32/16 50, www.strandcafe-mett
nau.de, Sommer ab 9/Winter ab 11 Uhr

 Einkaufen

Im **seemaxx Outlet Center** locken
über 40 Topmodemarken zu günstigen Preisen. ◼ Schützenstraße 50, www.
seemaxx.de

6 Singen

Quirliges Zentrum für Kunst, Kultur und Sport im Herzen der Hegaulandschaft

 Information

■ Tourist-Information, August-Ruf-Str. 13, 78224 Singen, Tel. 077 31/852 62, www.tourismus.in-singen.de

Singen liegt 30 km nordwestlich von Konstanz entfernt am Fuß des Hausbergs Hohentwiel. Auf diesem größten der Hegauer Vulkanberge thront Deutschlands größte Festungsruine, die auf eine Burg von 914 als Sitz der schwäbischen Herzöge zurückgeht. Der Vulkanberg Hohentwiel ist Touristenattraktion und Wahrzeichen der Stadt. Beim alljährlichen »Hohentwielfestival« treten Stars der Rock- und Popszene auf. Singen weist sich zudem mit dem archäologischen Hegau-Museum, dem Städtischen Kunstmuseum und dem MAC Museum Art & Cars als Stadt der Kunst und Kultur aus. Seit 1928 ist »Kunst im öffentlichen Raum« ein Bestandteil des Stadtkonzepts von Singen. In öffentlichen Gebäuden sind Werke von Otto Dix, Curth Georg Becker, Erich Hauser, Gerlinde Beck, Robert Schad und Peter Lenk zu sehen. Die einzig erhaltenen Wandbilder (1960) und das expressionistische Spätwerk von Otto Dix sind im Rathaus Singen zu finden, darunter »Krieg und Frieden« und »Adam und Eva«.

Im Blickpunkt

Gartenparadiese am Bodensee

Den Bodensee säumen unzählige wunderschöne Parks und Gärten. Viele Hobbygärtner bezaubern die Besucher im Rahmen der Initiative »Garten-Rendezvous am Untersee« mit malerischen Blüten, Brunnen und Skulpturen. Vom Bauern- bis zum Künstlergarten dürfen die unterschiedlichsten Kreationen bewundert werden.

 Sehenswert

Kunstmuseum Singen
| Kunstmuseum |
Gezeigt werden Klassische Moderne und zeitgenössische Kunst, die eine über 100-jährige Kunstgeschichte am Bodensee vermitteln: »Zeitgenössische Kunst aus der Euregio Bodensee«, das »Landschaftsbild des Hegaus und des Bodensees nach 1900«, die »Kunst aus dem deutschen Südwesten nach '45« und die »Kunst im öffentlichen Raum Singens«. Rund 5000 Gemälde, Grafiken, Fotografien, Plastiken und Skulpturen sind im Besitz des Museums, darunter Kunstschätze der »Höri-Maler« Otto Dix, Erich Heckel, Max Ackermann und Curth Georg Becker.
■ Ekkehardstr. 10, Tel. 077 31/852 71, www.kunstmuseum-singen.de, Di–Fr, 14–18, Sa, So, 11–17 Uhr, 5 €, Kinder (bis 7 J.) Eintritt frei, Do freier Eintritt für alle

Festungsruine Hohentwiel
| Burgruine |
Vom Vulkanberg »Hohentwiel« mit einer der größten deutschen Festungsruinen genießt man eine grandiose Sicht über Singen und den Bodensee. Das Informationszentrum unterhalb des Gipfels bietet einen umfassenden Überblick über die Geschichte des

Hoch auf dem Vulkanberg liegt die Festungsruine Hohentwiel

Hohentwiel. Ein Geschichtspfad gibt mit zwölf Tafeln Auskunft über die Funktion der Gebäude, oder man folgt einem geologischen Lehrpfad (3 km, Dauer 2 Std.), der Gesteinsarten, Natur- und Landschaftsschutz erklärt.

■ Infozentrum, Auf dem Hohentwiel 2 a, Singen, Tel. 077 31/691 78, www.festungs ruine-hohentwiel.de, 1. April–15. Sept. tgl. 9–19.30, 16. Sept.–31. Okt. 10–18, 1. Nov.–31. März 10–16 Uhr, 4,50 €, erm. 2,30 €

MAC Museum Art & Cars
| Kunst- und Oldtimermuseum |

Das MAC Museum Art & Cars am Fuß des Hohentwiel zeigt in der avantgar- distischen Architektur des Museums- baus kostbare Oldtimer im Dialog mit Werken klassischer Moderne und zeit- genössischer Kunst der Südwestdeut- schen Kunststiftung. Das »MAC Bistro« im Museum ist sehr empfehlenswert.

■ Parkstr. 1, Tel. 077 31/926 53 74, www. museum-art-cars.com, Mi–Fr 14–18, Sa, So, Fei 11–18 Uhr, 8 €, Kinder (6–15 J.) 4 €

Paradiesbaum und Paradies- schlange
| Skulpturen |

In der Singener Innenstadt steht seit 2015 die Skulptur »Paradiesschlange« als Ergänzung zu seinem »Paradies- baum« (1997), mit dem Peter Lenk zei- gen will, wie »das Mondäne am Hei- matlichen zehrt«. Mit seinem neuen Werk thematisiert der Künstler die Abhöraktionen der US-Amerikaner in seiner Sicht: Präsident Barack Obama hört lachend mit, während Angela Merkel, Wladimir Putin und Kim Jong Un gequält telefonieren.

■ Scheffelstr./Hegaustr.

Maggi-Museum
| Firmenmuseum |

Die unternehmerische Erfolgsge- schichte der Schweizer Firma »Maggi« ist eine spannende Zeitreise in die In- dustrie-, Unternehmens- und Kultur- geschichte rund um das Thema »Es- sen und Trinken« im 19. Jh. Der Besuch im Maggi-Museum in der »Maggi-In-

Begeisterte Besucher beim Hohentwielfestival

dustriestadt Singen« ist nur mit Führung (Dauer 1 Std.) und Anmeldung drei Wochen vorher möglich. Das Museum befindet sich auf dem Werksgelände der Nestlé Deutschland AG Maggi-Werk Singen, deshalb ist die Einreichung einer Namensliste zehn Tage vor dem Museumsbesuch erforderlich.

■ Kontakt: Maria Jörke, Erich-Heckel-Str. 16, Tel. 077 31/31 99 01, www.singener-museumsverein.de

Parken

In der Singener Innenstadt stehen 4000 Stellplätze und ein modernes Parkleitsystem zur Verfügung (www.in-singen.de/Parken.589.html). Freie Stellplätze finden unter maps.adac.de.

Restaurants

€€ | **Restaurant Hohentwiel** Badische und internationale Gerichte, Vesper und Weine vom Hohentwiel, Panoramaterrasse, Kuchen und Torten zur Kaffeezeit. ■ Hohentwiel 1, Tel. 077 31/990 70, www.hotel-hohentwiel.com

Events

Hohentwielfestival Singen Dieses große Open-Air-Event auf dem Singener Hausberg mit Topstars aus Pop, Rock, Jazz und Klassik vor historischer Kulisse findet jährlich Mitte Juli statt. Zudem veranstaltet das Burgfest im Rahmen des Festivals Kleinkunst, Theater, Kabarett und Comedy in der gesamten riesigen Festungsanlage. ■ www.hohentwielfestival.de

Sport

Reiten, Radwandern, Tennis, Schwimmen, Sauna, Minigolf, Golf, Badminton sowie erholsame Spaziergänge im Stadtgarten und am Aachufer entlang prägen das sportliche Image Singens.

In der Umgebung

Schloss Langenstein

| Fastnachtsmuseum |
Das Museum zeigt über 300 Narrenfiguren in bunten Gewändern. Viele Schautafeln informieren von A bis Z über die fünfte Jahreszeit am Bodensee, und man erfährt, was Narrenbändel, Pritschen, Rätschen, Karbatschen, Saublotere, Zepter und Orden sind.

■ Schloss 1, 78359 Orsingen-Nenzingen, Tel. 077 32/98 82 33, www.fasnachtsmuseum.de, März–Nov. Mi, Sa, So, Fei 13–17 Uhr, 5 €, Kinder (bis 16 J.) 2,50 €

Übernachten

Konstanz und der Bodensee West sind als Reiseziel sehr beliebt. Wer rechtzeitig bucht, kann günstige Arrangements auch in Häusern mit Toplage aushandeln.

Konstanz 18

€ | ABC Hotel Modern eingerichtetes historisches Hotel, große Zimmer mit Küchenzeile. ■ Steinstr. 19, Tel. 075 31/89 00, www.abc-hotel.de

€ | Graf Zeppelin In der Altstadt mit Wohlfühlambiente. ■ St. Stephanspl. 15, Tel. 075 31/691 36 90, www.hotel-graf-zeppelin.de

€ | Petershof Ruhige Lage unweit der Altstadt; Zimmer im modernen Landhausstil. ■ St.-Gebhard-Str. 14, Tel. 075 31/99 33 99, www.petershof.de

€–€€ | Barbarossa Historisches Hotel (1388) in der Fußgängerzone. ■ Obermarkt 8–12, Tel. 075 31/12 89 90, www.hotelbarbarossa.de

€€ | Hotel 47° Spa- und Wellnesscenter, am Seerhein. ■ Reichenauerstr. 17, Tel. 075 31/12 74 90, www.47grad.de

€€ | Hotel Viva Sky Mitten in der Altstadt. ■ Sigismundstr. 19, Tel. 075 31/692 36 20, www.hotel-viva-sky.de

€€–€€€ | Villa Barleben am See Luxusanlage mit Garten. ■ Seestr. 15, Tel. 075 31/94 23 30, www.hotel-barleben.de

②   **€€€ | Steigenberger Inselhotel** Historisches Fünfsternehaus mit Seeterrasse. ■ Auf der Insel 1, Tel. 075 31/12 50, www.steigenberger.com

Reichenau 31

€€–€€€ | Strandhotel Löchnerhaus Fantastischer Seeblick. ■ An der Schiffslände 12, Tel. 075 34/80 30, www.loechnerhaus.de

Gaienhofen 33

€€ | Hotel Gasthaus Hirschen Liegewiese mit Außenpool. ■ Kirchgasse 3, Tel. 077 35/933 80, www.hotelhirschen-bodensee.de

€€ | Hotel Hoeri am Bodensee Wellnesshotel mit Seezugang, zwei Anlegeplätze. ■ Uferstr. 20–23, Tel. 077 35/81 10, www.hoeri-am-bodensee.de

Radolfzell 35

€ | Iris am See Ruhige Lage nahe dem Bodenseeufer. ■ Rebsteig 2, Tel. 077 32/947 00, www.hotelirisamsee.de

€€ | Krone am Obertor Hotel im Fachwerkhaus. ■ Obertorstr. 2, Tel. 077 32/48 04, www.bodenseehotel-krone.com

€€–€€€ | aquaTurm Hotel & Energie Weltweit erstes Nullenergiehochhaus. ■ Güttingerstr. 15, Tel. 077 32/522 55, www.aquaturm.de

€€€ | ArtVilla am See Designerhotel auf der Halbinsel Mettnau mit Wellnessangebot. ■ Rebsteig 2/2, Tel. 077 32/944 40, www.artvilla.de

Singen 36

€ | Hotel Hohentwiel Auf halber Höhe zum Hohentwiel mit Panoramaterrasse. ■ Hohentwiel 1, Tel. 077 31/990 70, www.hotel-hohentwiel.com

€€ | Zapa Lauschiges Hotel im Vorort Bohlingen. ■ Bohlinger Dorfstr. 48, Tel. 077 31/79 61 61, www.restaurant-zapa.de, So geschl.

Überlinger See und Obersee

Von Stockach, dem »Tor zum Bodensee«, ist bis zur malerischen Insel Lindau eine barocke Erlebniswelt zu entdecken

Vom Nordwesten kommend bildet Stockach das Entree zur Bodenseeregion mit ihren erholsamen Naturschönheiten, Kulturereignissen, prähistorischen Pfahlbauten, imposanten Schlössern, Burgen, Kirchen, malerischen Städten, Hotels und Restaurants – und im Kontrast dazu die neuzeitlichen musealen Dokumentationen der regionalen Luft- und Raumfahrtgeschichte im industriell geprägten Verkehrsknotenpunkt Friedrichshafen.

In diesem Kapitel:

ADAC Top Tipps:

 Basilika Birnau, Uhldingen-Mühlhofen
| Wallfahrtskirche |
Das Barockjuwel am Bodensee ist ein beliebtes Ziel für Pilger. 47

 Alte Burg Meersburg
| Burg |
Das Wahrzeichen des Städtchens Meersburg mit »Angstloch« und Folterkammer. 49

 Zeppelin Museum, Friedrichshafen
| Museum |
Alles über die Anfänge der deutschen Luftfahrtgeschichte. 54

ADAC Empfehlungen:

5 **St. Nikolaus, Überlingen**
| Münster |
Die größte spätgotische Kirche am Bodensee. 45

7 Stockach

Ferienort der Ruhe und Erholung und Alemannische Fastnacht

 Information

▨ Tourist-Information, Kulturzentrum Altes Forstamt, Salmannsweilerstr. 1, 78333 Stockach, Tel. 077 71/80 23 00, www.stockach.de

Nur vier Kilometer vom Überlinger See entfernt genießen Naturliebhaber die erholsame Ruhe der umgebenden Täler und Hügellandschaften von Stockach. Mit der Geruhsamkeit ist es allerdings in der fünften Jahreszeit vorbei, wenn die Narren die zeitweilige Herrschaft über Stockach, der Hochburg der schwäbisch-alemannischen Fastnacht, übernehmen. Das durch Funk und Fernsehen berühmt-berüchtigte »Stockacher Narrengericht« zählt zu den Höhepunkten des närrischen Treibens und wird

ADAC *Spartipp*

Am nördlichen Bodensee oft im Übernachtungspreis enthalten ist die **Echt Bodensee Card**. Sie ermöglicht die freie Nutzung des ÖPNV und Rabatte für touristische Angebote (www.echt-bodensee. de). Die Kaufkarte **BodenseeErlebniskarte Sommer** (April–Mitte Okt.) bietet Rabatte rund um den Bodensee zu etwa 160 Ausflugszielen, freie Fahrt mit BSB-Kursschiffen (Bregenz–Schaffhausen), 41 €/3 Tage u. 144 €/14 Tage, Kind/ Jugendl. 21–37 €, Minis Eintritt frei (www.bodensee.eu).

der Legende nach auf ein Privileg des Hofnarren Kuony von Stocken am Hof des habsburgischen Herzogs Leopold I. im Jahr 1351 zurückgeführt.

 Restaurants

€€ | **Gasthof zum Adler** Historisches Restaurant in der Obstbaugemeinde Wahlwies mit Sonnenterrasse. Feinschmeckermenüs und Spezialitäten aus Omas Küche. ▨ Leonhardtstr. 29, Tel. 077 71/35 27, www.adler-wahlwies.de, Sa, So, Fei 11–14, 17–23, Di–Fr 17–23 Uhr

8 Bodman-Ludwigshafen

Ferienglück in »Sackgassenlage« und UNESCO-Weltkulturerbe

 Information

▨ Tourist-Information Ludwigshafen, Hafenstr. 5, 78351 Bodman-Ludwigshafen, Tel. 077 73/93 00 40, www.boden seepur.de
▨ Tourist-Information Bodman, Seestr. 5, 78351 Bodman-Ludwigshafen, Tel. 077 73/ 93 00 48, www.bodenseepur.de

Bodman und Ludwigshafen, die Doppelgemeinde mit »Sackgassenlage« am nordwestlichen Zipfel des Überlinger Sees, bieten Erholungssuchenden einen ganz besonderen Schatz: Ruhe, Entspannung und Genuss in der Schönheit der Natur. Das milde Bodenseeklima, die unzähligen Wanderwege in der umgebenden Hügellandschaft, die magische Ausstrahlung des Sees mit seinem abendlichen Lichterglanz, die familienfreundlichen Hotels und Restaurants lassen den Aufenthalt zu einem

Paradiesisch ist der Blick über die Apfelbäume bei Bodman-Ludwigshafen

unvergesslichen Ferienerlebnis werden. Wanderungen zur Ruine Alt-Bodman, zum Kloster Frauenberg und zum nicht öffentlichen Schloss des Grafen von und zu Bodman – einem alteingesessenen Adelsgeschlecht, das hier die Bauernkriege, die Zeit der Aufklärung, die Herrschaft Napoleons und die Badische Revolution überstanden hat – rufen die lange Historie der Region in Erinnerung. Diese reicht mit den zum UNESCO-Weltkulturerbe zählenden Funden der Pfahlbauten in Bodman-Schachen bis in die Stein- und Bronzezeit zurück. Aber auch in Sachen »Moderne« gibt es etwas zu bestaunen – das skandalumwitterte Freilichtrelief »Ludwigs Erbe« des Bildhauers Peter Lenk.

Parken

Ortspläne Bodman und Ludwigshafen mit Parkmöglichkeiten unter www. bodenseepur.de/service/ortsplan

Restaurants

€€ | **Kern's** Das Restaurant mit stylishem Ambiente und schönem Seeblick serviert moderne, mediterran angehauchte regionale Küche der Saison. ■ Seestr. 5, Bodman, Tel. 077 73/ 935 51 70, www.kerns-restaurant.de, Di geschl.

9 Sipplingen

Historischer Ort mit frischem Trinkwasser für Millionen

Information

■ Tourist-Information, Seestr. 3, 78354 Sipplingen, Tel. 075 51/949 93 70, www.sipplingen.de

Erstmals erwähnt wurde das einstige Fischerdorf Sipplingen 1155. Der heute charmante Erholungsort und Wasserversorger für Millionen Baden-Württemberger liegt direkt am Nordufer

ADAC *Wussten Sie schon?*

»Die Schwaben« trinken den Bodensee nicht leer. Es werden nur 0,3 Prozent seines Wasserreservoirs entnommen. Viele Zuflüsse wie auch der Rhein füllen ständig nach. Sorge bereitet aber die Klimaerwärmung. Denn wenn sich das Wasser im Winter nicht mehr genug abkühlt, um in die Tiefe des Sees zu sinken, bleibt die natürliche Sauerstoffzirkulation aus, und das Wasser wird unbrauchbar mit fatalen Folgen nicht nur für die Trinkwasserversorgung.

des Überlinger Sees und erstreckt sich bis hoch hinauf in die Steiluferlandschaft. Baden, Segeln, Surfen, Wandern, Schlemmen und die Seele baumeln lassen – Sipplingen verwöhnt seine Feriengäste mit einem vielseitigen Erlebnisangebot und versorgt gleichzeitig rund 40 % der Menschen im »Ländle« täglich mit frisch aufbereitetem Trinkwasser aus dem Bodensee. Die katholische Pfarrkirche St. Martin von 1155, das ehemalige Frauenkloster St. Ulrich, malerische Gassen, Fachwerkhäuser und das Rathaus (1699) prägen den historischen Ortskern. Seit 2011 stehen auch die Pfahlbausiedlungen in Sipplingen-Osthafen auf der UNESCO-Welterbeliste.

Restaurants

€€ | Seehaus Restaurant in traditioneller Pfahlbauarchitektur mit malerischer Seeterrasse und schmackhafter regionaler sowie saisonaler Küche. ■ Seestr. 5, Tel. 075 51/947 42 47, www.seehaus-sipplingen.com

Überlingen

Savoir-vivre mit Kneippheilbad sowie historische Altstadt

i Information

■ Kur und Touristik Überlingen GmbH, Landungspl. 3-5, 88662 Überlingen, Tel. 075 51/947 15 22, www.ueberlingen-bodensee.de

Erholung für Körper, Geist und Seele findet man in der »Gesundheitsstadt am Bodensee« in Restaurants, (Kur-) Hotels, Kurkliniken, Sanatorien und Gästehäusern. Der Freizeit-, Fitness- und Gesundheitsgedanke durchzieht ganz Überlingen. Es wird gekneippt, geschwommen, gesurft, gesegelt, gewandert, geradelt, geritten und gelaufen sowie Golf und Tennis gespielt. Die Saunalandschaft der Bodensee-Therme macht das Wohlfühlprogramm perfekt. On top lädt die historische Altstadt mit Kirchen, Patrizierhäusern, Museen, Brunnen und Galerien zu Erkundungsgängen ein. Besondere Aufmerksamkeit gebührt den prachtvollen Schnitzereien von Jakob Russ im spätgotischen Ratssaal des Rathauses, dem Hochaltar von Jörg Zürn im Münster St. Nikolaus und dem Hochaltar in

ADAC *Mobil*

Zwischen Überlingen und Konstanz-Wallhausen fährt Ende April–Anfang Okt., tgl. 9–12 Mal, die Personenschifffahrt Giess & Giess über den Überlinger See (15 Min.). Einzelfahrt 3 €/Kinder (6–14 J.) 1,50 €. Tickets an Bord.
personenschifffahrt-bodensee.de

der gotischen Franziskanerkirche, gefertigt von Joseph Anton Feuchtmayer. Die Sylvesterkapelle (840) mit ihren karolingischen Wandmalereien und ottonischen Fresken im Stadtteil Goldbach ist eine der ältesten Kirchen Deutschlands. Zudem wird in den Goldbacher Stollen an die dunkle Geschichte des Dritten Reichs erinnert. Schließlich zieht auch in Überlingen eine moderne Skulptur von Peter Lenk alle Blicke auf sich. »Der Bodenseereiter« am nachthellen zentralen Landungsplatz zwischen Uferpromenade und Altstadt.

 Sehenswert

St. Nikolaus
| Münster |

 Spätgotisches Münster mit meisterlich geschnitztem Hochaltar

Das Münster St. Nikolaus wurde von 1350 bis 1576 in mehreren Etappen erbaut. Das Münster birgt zahlreiche Kunstwerke. Im Mittelpunkt steht der berühmte Renaissancehochaltar (um 1616) von der Bildhauerfamilie des Überlinger Holzschnitzers Jörg Zürn. Der Rat der ehemals freien Reichsstadt hatte den Auftrag für den Marienaltar nach überstandener Pestepidemie erteilt. Viele Figuren zieren das Meisterwerk mit Darstellungen der Geburt Christi, Verkündigung, Krönung der Jungfrau Maria, der Pestheiligen Rochus und Sebastian sowie des Heiligen Bischofs Nikolaus von Myra, des Patrons des Münsters und der Stadt.

■ Münsterpl. 1

Goldbacher Stollen
| Gedenkstätte |

Im Zweiten Weltkrieg wurde Friedrichshafen von den Alliierten bombardiert. Die Industrieanlagen der Rüstungsproduktion sollten in einem Stollensystem westlich von Überlingen in Sicherheit gebracht werden. Den Bau des Goldbacher Stollens verrichteten Häftlinge des KZ-Außenlagers Überlingen-Aufkirch (1944–1945). Die unterirdische Anlage konnte je-

Erholung finden an der Promenade von Überlingen

doch für die Rüstungsproduktion nicht mehr genutzt werden.

■ Obere Bahnhofstr. 28, Tel. 075 51/947 15 22, www.stollen-ueberlingen.de, Führungen 1. Fr/Monat 17–19 Uhr, Zutritt Kinder ab 14 J., Eintritt frei

Parken

Parkhäuser mit Zeiten und Tarifen, Infos: www.ueberlingen-bodensee.de (Service/Unterwegs vor Ort).

Restaurants

€€ | **Bürgerbräu** Hotel-Restaurant mit regionalen Speisen in einem historischen Fachwerkhaus. ■ Aufkircher Str. 20, Tel. 075 51/927 40, www.bb-ueb.de

Cafés

Brazilia Kaffee von der eigenen Plantage, Snacks, hausgemachtes Eis. ■ Seepromenade 13, Tel. 075 51/947 11 03, www.cafe-brazilia.de, tgl. 9–21 Uhr

 Uhldingen-Mühlhofen

Die prähistorischen Pfahlbauten und die Basilika Birnau besuchen

Information

■ Tourist-Information, Ehbachstr. 1, 88690 Uhldingen-Mühlhofen, Tel. 075 56/ 921 60, www.seeferien.com

Mit der Erkundung der prähistorischen Pfahlbauten eine Reise in die Jung- und Bronzesteinzeit unternehmen und die einzigartige Basilika Birnau bewundern – mit diesen Attraktionen hat Uhldingen-Mühlhofen viel zu bieten. Weitere Kleinode sind das staatlich anerkannte Reptilienhaus mit Auffangstation für Schlangen, Echsen, Spinnen und Co. sowie das Auto und Traktor Museum in Gebhardsweiler. Ansonsten lädt die reizvolle Umgebung zum Baden, Wandern, Radeln und Birnauer Weine Probieren ein.

Zeugen einer längst vergangenen Zeit finden sich in Unteruhldingen

Sehenswert

Pfahlbaumuseum Unteruhldingen

| Freilichtmuseum |

 Rekonstruktionen von Pfahlbauten der Stein- und Bronzezeit

Im Juni 2011 wurde die Pfahlbausiedlung »Unteruhldingen Stollenwiesen« in die UNESCO-Welterbeliste »Prähistorische Pfahlbauten um die Alpen« aufgenommen. Sie liegt im Flachwasser des Sees versunken direkt an der Ostmole des Hafens, wo man drei Siedlungsphasen mit vielen Gegenständen aus der Bronzezeit festgestellt hat. Taucharchäologen arbeiten dort, um die Funde vor dem Verfall zu bewahren. Das Pfahlbaumuseum Unteruhldingen zählt heute 23 rekonstruierte Siedlungen. Ein Rundgang durch das Freilichtmuseum eröffnet spannende Einblicke in den Alltag der Menschen in der Zeit von 4500 bis 850 v. Chr.

▨ Strandpromenade 6, www.pfahlbauten. de, tgl. 9–17 Uhr, 9 €, Kinder (6–15 J.) 6 €

Basilika Birnau

| Wallfahrtskirche |

Barockjuwel am Bodensee – beliebtes Ziel für Pilger

Oberhalb der Mauracher Bucht liegt die Wallfahrtskirche Birnau. Sie zählt zu den Glanzpunkten barocker Kirchenbauten in Süddeutschland. Die Klosterkirche wurde in der Zeit von 1747 bis 1750 von Barockbaumeister Peter Thumb für die Reichsabtei Salem gebaut, weil die frühere Wallfahrtsstätte »Alt-Birnau« (seit 1222) bei Nußdorf aufgegeben wurde. Die Innenarchitektur ist prachtvoller Barockstil, reich an Fresken von Gottfried Bernhard Göz sowie opulenten Stukkaturen, Altären und Skulpturen von Joseph Anton

Eine barocke Pracht herrscht in der Basilika Birnau

Feuchtmayer, dessen berühmte Putte »Honigschlecker« zu sehen ist. Das Ordensgebäude der Birnau ist Bestandteil des Zisterzienserklosters Mehrerau (S. 81) in Vorarlberg. 1971 wurde die Kirche von Papst Paul VI. zur Basilika Minor erhoben. Unterhalb der Wallfahrtskirche liegt das barocke Schloss Maurach. Einst Wirtschaftsgebäude für das Kloster und Sommersitz der Äbte, ist es heute ein Tagungszentrum.

▨ Birnau-Maurach 5, www.birnau.de, Besichtigungen Mo–Sa ab 9.15, So ab 12.30 Uhr

 Restaurants

€ | Weinstube Birnauer Oberhof Gutbürgerliche Speisen und Birnauer Weine. ▨ Oberhof 1, Tel. 075 56/93 36 80, www.birnauer-oberhof.de, tgl. ab 11 Uhr

12 Salem

Kulturträchtige Gemeinde mit Schloss und Kloster Salem

 Information

■ Tourist-Information, Kloster und Schloss Salem, 88682 Salem, Tel. 075 53/916 53 36, www.salem.de

Das landwirtschaftlich geprägte Linzgau im Hinterland des Bodensees birgt die Gemeinde Salem. Kulturhistorisches Highlight ist dort das Kloster und Schloss Salem, das 1134 als Zisterzienserkloster gegründet wurde. Im Schloss sind heute ein Internat für Schüler der Mittelstufe sowie ein Feuerwehr- und Brennereimuseum untergebracht.

 Sehenswert

Kloster und Schloss Salem
| Schlossanlage |

 Das Ensemble zeugt vom Reichtum der Zisterzienserabtei

Kloster und Schloss Salem sind von weitläufigen Park- und Gartenanlagen umgeben. Das Münster, der Kreuzgang, die Prälatur und die erhaltenen Wirtschaftsgebäude machen Schloss Salem zu einem der bedeutendsten barocken Kulturdenkmale im Land. 1802 kam das Ensemble im Zuge der Säkularisation in den Besitz der Markgrafen von Baden, und seit 2009 ist es Bestandteil der Staatlichen Schlösser und Gärten Baden-Württembergs.

■ Im Schlossbezirk 1, Tel. 075 53/916 53 36, www.salem.de/erlebnis-kloster-schloss, Führung April–Nov. Mo–Sa 9.30–18, So, Fei ab 10.30 Uhr, 9 €, Kinder (6–15 J.) 4,50 €

Affenberg Salem
| Tierpark |

 200 Berberaffen in Deutschlands größtem Affenfreigehege erleben

Die wilde Berberaffenschar lebt frei im Waldgehege. Besucher begegnen den Tieren hautnah und dürfen sie sogar mit speziellem Popcorn füttern.

■ Mendlishauser Hof, Tel. 075 53/381, www.affenberg-salem.de, Mitte März–Mitte Nov. tgl. 9–18 Uhr, 9 €, Kinder (6–15 J.) 6 €

 Verkehrsmittel

Erlebnisbus von April–Nov., 10–18 Uhr, stündlich vom Hafen in Unteruhldingen zum Affenberg und Schloss Salem.

 Parken

Vom Schloss Salem 350 m entfernt befinden sich nicht öffentliche, kostenlose Parkplätze für Besucher.

 In der Umgebung

Schloss Heiligenberg
| Schloss |

Nördlich von Salem liegt Heiligenberg mit dem Schloss der Fürsten zu Fürstenberg. Bis 1575 wurde die Burg zum Renaissanceschloss umgebaut. Der Rittersaal mit der geschnitzten Holzdecke und die Schlosskapelle sind sehenswert. Hier bietet sich ein Vergleich

ADAC *Mobil*

Da die Bodenseeregion so außerordentlich beliebt ist, muss in der Ferienzeit vermehrt mit Staus auf der B 31 von Lindau bis Meersburg gerechnet werden.

Weder Gitter noch Gräben – die Salemer Berberaffen leben wie in freier Wildbahn

der Renaissancearchitektur mit dem in der Bodenseeregion vorherrschenden Barockbaustil an.

 Tourist-Info, Schulstr. 5, 88633 Heiligenberg, Tel. 07554/998312, www.heiligenberg.de, Besichtigungen nur geführt, Ostern bis 31. Okt. tgl. 11/14 und 15.30 Uhr, 10 €, Kinder (bis 14 J.) Eintritt frei

13 Meersburg

Eine alte Burg und ein neues Schloss über der historischen Stadt

i Information

 Meersburg Tourismus, Kirchstr. 4, 88709 Meersburg, Tel. 075 32/44 04 00, www.meersburg.de

Ihre Traumlage macht die denkmalgeschützte mittelalterliche Stadt mit barocker Silhouette zu einem begehrten Urlaubs- und Ausflugsziel am Bodensee. Meersburg ist ein Bestandteil der großen touristischen Route »Deutsche Fachwerkstraße« mit der ältesten, noch privat bewohnten Burg Deutschlands, prachtvollen Schlossanlagen, malerischen Gässchen, Winkeln und wunderschönen Plätzen. Hier begegnen wir der Dichterin Annette von Droste-Hülshoff, treten in Gemäldesammlungen ein, erkunden Stadtgeschichte und Weinbau – der »Meersburger« ist ein vorzüglicher Tropfen. Im Sommer zeigt sich Meersburg recht umtriebig. Im Winter ist die Stadt verschlafen, was Kenner zu schätzen wissen.

Die »Magische Säule« des Bildhauers Peter Lenk auf der Hafenmole zeigt Annette von Droste-Hülshoff und den Freiherrn Joseph von Laßberg.

Sehenswert

Alte Burg Meersburg

| Burg |

 In der Burg wird das Leben im Mittelalter wieder lebendig

Die Alte Burg Meersburg gilt als älteste bewohnte Burg Deutschlands. Die Errichtung wird auf den Merowinger-König Dagobert I. (7. Jh.) zurückgeführt. Beim Betreten des Gemäuers befindet man sich in der Welt des Mittelalters. Zum Rundgang gehören Burgküche, Schmiede, Rittersaal, Burgverlies, Stall, Waffenhalle und Wehrgänge, die Folterkammer und das »Angstloch«, worin die Gefangenen abgeseilt wurden, um dort zu sterben oder für Lösegeld freigekauft zu werden. Annette von Droste-Hülshoff lebte von 1841 bis 1848 auf der Burg. Wohnräume und Sterbezimmer können besichtigt werden.

■ Schlosspl. 10, Tel. 075 32/800 00, www.burg-meersburg.de, tgl. 9–18.30 Uhr, 12,80 €, Kinder (6–13 J.) 8 €

Neues Schloss Meersburg

| Schloss |

Das Neue Schloss Meersburg mit seiner barocken Außenfassade wurde als prachtvolle Residenz der Konstanzer Fürstbischöfe erbaut. 1803 kam das Schloss im Zuge der Säkularisierung mit Aufhebung des Bistums in den Besitz des Landes Baden. Danach diente es als Kaserne, Gefängnis, Seemannsschule und Taubstummenanstalt. Der Spiegelsaal, das barocke Treppenhaus und der Schlossplatz bieten heute einen glanzvollen Rahmen für Schlosskonzerte.

■ Schlosspl. 12, Tel. 075 32/807 94 10, www.neues-schloss-meersburg.de, April–Okt. tgl. 9.30–18 Uhr, 5 €, Kinder 2,50 €

vineum bodensee

| Weinmuseum |

Das 400 Jahre alte Heilig-Geist-Spital der Stadt Meersburg wurde als Weinmuseum umgebaut. Im Eingangsbereich thront eine noch funktionsfähige Weinpresse – ein Weintorkel von 1607. Weinaromen können geschnuppert werden, im vineum-store gibt's Weinaccessoires und in der vinemathek Bodenseewein in Probierschlucken.

■ Abt. Kultur & Museum, Vorburggasse 11, Tel. 075 32/440 26 32, www.vineumbodensee.de, April–Okt. Di–So 11–18 Uhr, 5,50 €, Kinder 3 €

 Parken

Rund um Meersburg Großparkplätze, teils mit Pendelbusverkehr zur Burg.

 Restaurants

€€€ | Seehotel Off Fischspezialitäten, dazu Weine der Region. ■ Uferpromenade 51, Tel. 075 32/447 40, www.seehotel-off.de

€€€ | Winzerstube zum Becher Regionale Spezialitäten und saisonale Köstlichkeiten aus der badischen Küche. ■ Höllgasse 4, Tel. 075 32/90 09, www.winzerstube-zum-becher.de

 Cafés

Burg-Café Im Barocksaal der Alten Burg gibt es Kaffee, Kuchen, Eis, Vesper und Bodenseeweine. ■ Schlosspl. 10, Tel. 075 32/800 00, www.burg-meersburg.de, tgl. 10–18.30, So, Fei bis 19 Uhr

ADAC *Mobil*

Die **Autofähre Meersburg–Konstanz** (auch für Radler und Fußgänger) ist mit 15 Min. Fahrtzeit die Alternative zur 58 km langen Autofahrt um den Überlinger See. *Meersburg: Kurse ab 0.05–23.05, 6–21 Uhr alle 15 Min. (Saison), 3 €, Kinder 1,50 €, Pkw ab 8 €; Tickets nur mit Bargeld an Bord.*

Einkaufen

Die Meersburger Altstadt lädt in ihren romantischen mittelalterlichen Gassen zum gemütlichen Shoppen von Spezialitäten aus Backstuben, Metzgereien, Fischereien und von Weinen vieler Bodenseeweingüter ein.

14 Hagnau

Die idyllische Gemeinde am See ist bekannt für ihre Weine

Information

■ Tourist-Information Hagnau, Im Hof 1, 88709 Hagnau, Tel. 075 32/43 00 43, www.gemeinde-hagnau.de

Hagnau ist umgeben von Weinbergen und Obstgärten. Mit dem 300 Jahre alten riesigen Baumtorkel am Hagnauer Uferpark wurden noch bis 1950 Trauben gepresst. Wie dass funktionierte, erklärt eine Schautafel.

Sehenswert

St. Johannes Baptist
| Kirche |

Die rund 800 Jahre alte katholische Kirche weist unterschiedliche Baustile auf: einen romanischen Turm, einen gotischen Chor und ein barockes Kirchenschiff. Die hier aufgestellte Büste des Hl. Johannes wurde 1963 bei der »Seegfrörne« von Hagnau über den Bodensee nach Münsterlingen in die Schweiz getragen. In der ehemaligen Klosterkirche wartet der Hl. Johannes nun darauf, dass der Bodensee wieder einmal tragfähig zufriert und er zurück nach Hagnau geleitet werden kann.
■ Kirchweg 3, Tel. 075 32/62 31

Büste der Annette von Droste-Hülshoff im Meersburger Schlossgarten

Winzerverein Hagnau
| Winzergenossenschaft |

Pfarrer Heinrich Hansjakob (1869–1884) war Schriftsteller, früher Bürgerrechtler und ein Weinvisionär. Er gründete 1881 diese erste badische Winzergenossenschaft, um den Weinbauern aus der damaligen wirtschaftlichen Krise infolge der Säkularisation Anfang des 19. Jh. zu helfen. Der Winzerverein Hagnau führt fachkundige Weinproben durch.
■ Strandbadstr. 7, Tel. 075 32/10 30, www.hagnauer.de

Restaurants

€€ | **Seehof** Das Hotel-Restaurant bietet eine vielfach ausgezeichnete saisonale Regionalküche. ■ Bachstr. 15, 88090 Immenstaad, Tel. 075 45/93 60, www.seehof-hotel.de

15 Friedrichshafen

Geschäftige Messe- und Zeppelinstadt

Uferpromenade von Friedrichshafen mit Wasserfontäne

ℹ️ Information

- Tourist-Information, Bahnhofpl. 2, 88045 Friedrichshafen, Tel. 07541/ 2035 5444, www.friedrichshafen.info
- Parken: siehe S. 56

Die Messe- und Zeppelinstadt Friedrichshafen am nordöstlichen Bodenseeufer sollte man möglichst von der Seeseite aus ansteuern. Dann präsentiert sich die Stadt – mit rund 60000 Einwohnern nach Konstanz die zweitgrößte am Bodensee – mit ihren wie Perlen aufgereihten Sehenswürdigkeiten von ihrer schönen Seite: Schloss und Schlosskirche, Kultur- und Veranstaltungstempel Graf Zeppelin Haus, Jacht- und Gondelhafen, Seefontäne, malerisches Rund des Altstadtufers, Moleturm, Hafeneinfahrt und Zeppelin Museum. Dieses und das Dornier Museum dokumentieren eindrucksvoll die Geschichte der Luftfahrtentwicklung in der Bodenseeregion. Seit den 1990ern werden mit dem »Zeppelin NT« (Neuer Technologie) wieder Luftschiffe gebaut – darin über den See zu schweben, ist ein echtes Highlight. Schiffs- und Fährverbindungen, der Katamaran, die Bahnanbindung und der Airport Friedrichshafen machen Friedrichshafen zum Verkehrsknotenpunkt in der Bodenseeregion.

Plan
S. 58

sitz des Hauses Württemberg. Friedrich Herzog von Württemberg bewohnt den West- und Südflügel, im Ostflügel befindet sich die Hofkammer. Eine Innenbesichtigung ist nicht möglich. Wohl aber die Vinothek mit guten Weinen, regionalen Köstlichkeiten und Wildspezialitäten. Stille Momente lassen sich auf dem Schlosshorn an der Uferanlage vor dem Schloss genießen. Sehenswert ist die prächtige evangelische Schlosskirche, ein Bauwerk Christian Thumbs (1695–1701) am Nordflügel der Schlossanlage. Die beiden 55 m hohen Kuppeltürme bilden das Wahrzeichen der Stadt.

■ Schlossstr. 2, Tel. 075 41/213 08, www.schlosskirche-fn.de

Schulmuseum
| Museum |

Das Schulmuseum in einer alten Villa zählt zu den größten und schönsten Deutschlands. Gezeigt werden drei originale Klassenzimmer von 1850, 1900 und 1930. Man darf in den Bänken Platz nehmen und z.B. das Schreiben auf Schiefertafeln probieren.

■ Friedrichstr. 14, Tel. 075 41/326 22, www.schulmuseum-fn.de, April–Okt. tgl. 10–17 Uhr, 3,50 €, Kinder (ab 6 J.) 1,50 €

ADAC *Spartipp*

Die **Gästekarte Friedrichshafen** wird vom Gastgeber ausgestellt. Sie bietet viele ermäßigte und kostenfreie Leistungen in der Stadt und Umgebung, Info-Tel. 075 41/ 300 10, www.friedrichshafen.info

 Sehenswert

Schloss und Schlosskirche
| Schlossanlage |

Residenz des Herzogs von Württemberg und Barockkirche

Das Schloss Friedrichshafen wurde 1654 vom Vorarlberger Michael Beer als Benediktinerkloster erbaut. Im Zuge der Verweltlichung in Deutschland gerieten 1806 die autonomen Besitztümer der Kirche in die Hände der Monarchen, so kam auch das Kloster Hofen in den Bestand des Königreichs Württemberg und wurde als Schloss zur Sommerresidenz umgebaut. Bis heute ist es samt Schlosspark Privatbe-

③ Zeppelin Denkmal
| Denkmal |

Die hohe schlichte Bronzesäule im Uferpark unterhalb des Bahnhofs ist Gedenkstätte für Ferdinand Graf von Zeppelin. Sie trägt als Inschrift den berühmten, historisch allerdings nicht belegten Satz des Grafen: »Man muss nur wollen und daran glauben, dann wird es gelingen!« Ob vom Grafen gesagt oder nicht – der Spruch passt zu seinem Pioniergeist und steht heute symbolisch für die visionäre Philosophie Friedrichshafens.

④ Zeppelin Museum
| Museum |

⑤ *Alles über die Anfänge der deutschen Luftfahrtgeschichte*

Im denkmalgeschützten ehemaligen Hafenbahnhof, der im Bauhausstil errichtet wurde, präsentiert das Zeppelin Museum in der Technikabteilung die international bedeutendste Sammlung der Zeppelin-Luftschifffahrt. Höhepunkt der großen Ausstel-

Im Blickpunkt

Die »Landshut« in Friedrichshafen

Das historisch bedeutende Lufthansa-Flugzeug »Landshut«, die im Oktober 1977 von Terroristen entführte und von der GSG 9 befreite Maschine, findet 40 Jahre nach dem »Deutschen Herbst« auf dem Gelände des Dornier Museums in einem extra für sie gebauten Hangar eine neue Heimat. Die komplett restaurierte Maschine soll ab Herbst 2019 zu besichtigen sein. Die Zeitgeschehnisse werden im begleitenden Ausstellungskonzept umfassend dokumentiert.

lungshalle ist die begehbare Rekonstruktion eines Teilabschnitts der »Hindenburg« (LZ 129) mit Promenadendeck und Passagierkabinen. Im Museum ist der Zusammenhang des

Wie der Traum vom Fliegen wahr wurde, erlebt man im Zeppelin Museum

Luftschiffbaus mit dem Zeppelin-Konzern und der Einsatz von Zeppelinen im Ersten Weltkrieg dargestellt. Ebenso der Fortgang des Unternehmens in der Zwischenkriegszeit und seine spätere wirtschaftliche Verflechtung mit dem Naziregime. Im Museumskomplex befindet sich eine umfangreiche Bibliothek, in die auch das Firmenarchiv der Luftschiffbau Zeppelin GmbH eingegliedert ist. Die Kunstsammlung des Zeppelin Museums ist mit über 400 Arbeiten von Otto Dix im Besitz einer umfangreichen Sammlung des in der NS-Zeit als »entartet« abgestempelten Künstlers. Von Max Ackermann, dessen Kunst ebenfalls als »entartet« eingestuft wurde, befinden sich 130 Werke im Bestand. Zudem zählt das Museum 380 Fotos des international bedeutenden Fotografen Andreas Feininger. Aus Platzmangel können diese Kunstschätze leider nicht dauerhaft ausgestellt werden.

■ Seestr. 22, Tel. 075 41/38 01 25, www.zeppelin-museum.de, Mai–Okt. tgl. 9–17, Nov.–April Di–So 10–17 Uhr, 9 €, Kinder 4 €

100 Jahre Luft- und Raumfahrtgeschichte im Dornier Museum

⑤ Dornier Museum
| Luft- und Raumfahrtmuseum |
Für die auffällige moderne Architektur des Dornier Museums zur Luft-

Gefällt Ihnen das?

Um Leben und Werk des Malers Otto Dix besser kennenzulernen, lohnt auch ein Besuch im **Museum Haus Dix** (S. 34) in Gaienhofen-Hemmenhofen sowie im **Rathaus von Singen** (S. 36).

und Raumfahrtgeschichte stand ein Flugzeughangar Pate. Unmittelbar am Flughafen Friedrichshafen gelegen erstrahlt das Gebäude in der Nachtdämmerung in einem futuristischen Lichtspektrum. Getreu dem Motto »Jeder Mensch kann ein Pionier sein« finden Technikfans und Luftfahrtinteressierte darin auf über 6000 m² eine Erlebniswelt mit mehr als 400 Ausstellungsstücken. Unter den Dornier-Großflugzeugen befindet sich auch das erste Metall-Flugboot der Welt, die »Dornier Wal«. Im Bereich Raumfahrt sind erprobte Satelliten, ein begehbares Sonnensystem und der Teil eines Raumlabors zu entdecken sowie in der »Museumsbox« aufwendige Videoinstallationen zur Entwicklung der Luft- und Raumfahrtgeschichte.

■ Claude-Dornier-Pl. 1, Tel. 075 41/487 36 00, www.dorniermuseum.de, Mai–Okt. tgl. 9–17, Nov.–April Di–So 10–17 Uhr, 9,50 €, Kinder 4,50 €

6 Zeppelin Hangar
| Flugwerft |

Die Führung durch den Zeppelin Hangar, zugleich Check-in für die Zeppelinflüge, ist eine wichtige Ergänzung zum Besuch des Zeppelin Museums, der in die Jetztzeit des modernen Zeppelinbaus führt. Allein die freitragende Halle ist eine sehenswerte Attraktion. Werftführer erklären die faszinierende Welt der Zeppeline neuer Generation – die Entwicklung und Fertigung des Luftschiffs »Zeppelin NT«.

■ Werftbesichtigung März–Nov. Di, Fr 16, Anm. bis 14 Uhr, Messestr. 132, Tel. 075 41/ 590 03 43, www.zeppelin-nt.de, 9,50 €

ADAC *Mobil*

7 Schauhaus im Zeppelindorf
| Museum |

Das Wohnen und Leben der Arbeiterfamilien in Friedrichshafen zur Gründungszeit der Zeppelinindustrie wird im Schauhaus im Zeppelindorf lebendig. Man erhält aus dieser Perspektive viele spannende Informationen über die Stadt und ihre Konzerngeschichte. Das heute noch gern bewohnte Zeppelindorf mit seinen komfortablen Häusern und Gärten für Selbstversorgung und Kleintierhaltung bot einen Einkaufsladen, eine Metzgerei und einen Gasthof. Errichtet wurde die Siedlung 1914 bis 1919 von der Zeppelin-Wohlfahrt – in deren Besitz sie heute noch ist – für die vermehrt nach Friedrichshafen ziehenden Arbeitskräfte.

■ König-Wilhelm-Pl. 12, Anmeldung Tel. 075 41/38 01 25, www.zeppelin-museum. de, Mai–Okt. Fr 14–17 Uhr, 3 €

8 ZF Forum
| Unternehmensausstellung |

Die Hauptverwaltung des ZF Konzerns ermöglicht Besuchern auf über 3000 m² Ausstellungsfläche facettenreiche Einblicke in Geschichte und Gegenwart des weltweit tätigen Unternehmens. Ob im Auto, Bus, Lkw oder in der Windkraftenergie – überall sind ZF-Technologien enthalten. Ein Unternehmensfilm im ZF Forum gibt Ausblicke auf eine mögliche Welt von morgen mit Themen wie »autonomes Fahren«.

■ Löwentalerstr. 20, Tel. 075 41/770, www.zf.com/zfforum, So 10–17 Uhr, Eintritt frei

Parken

Parken in der verkehrsberuhigten Altstadt im Parkhaus am See. Karlstr. 19, 1 Std./1,40 € oder www.parkopedia.de

Im Blickpunkt

Die Zeppelinstadt Friedrichshafen

Die Bedeutung Friedrichshafens als Industriestadt geht auf den Luftfahrtpionier Ferdinand Graf von Zeppelin (1838–1917) zurück. Mit Theodor Kober, seinem Ingenieur der ersten Stunde, entwickelte Zeppelin das lenkbare Starrluftschiff LZ 1 (1900). Mit der gigantischen Volksspende der Deutschen infolge der Havarie des Luftschiffs LZ 4 1908 in Echterdingen konnte Zeppelin den Luftschiffbau fortsetzen und gründete 1908 die Luftschiffbau Zeppelin GmbH als Stiftungsunternehmen. Darin waren der Motorenbau Karl Maybachs, die Zahnradfabrik Friedrichshafen (1915) für Getriebe und die Entwicklungsabteilung um Ingenieur Claude Dornier für die zukunftsweisende Konstruktion von Riesenflugbooten angesiedelt. Das aufrüstende Deutsche Kaiserreich spülte Auftragsgelder für Kriegsluftschiffe in die Kassen und ließ Friedrichshafen zum bedeutenden Luftfahrtzentrum werden. Nach dem Ersten Weltkrieg stoppte die Industrieproduktion, erholte sich durch Aufträge der US-amerikanischen Marine aber rasch wieder. Mit dem Unglück 1937 des Großluftschiffs »LZ 129 Hindenburg« in Lakehurst (USA) war die Luftschifffahrt beendet. 1944 bombardierten die Alliierten den Rüstungsstandort Friedrichshafen. Der einfache Wiederaufbau prägt die städtische Architektur noch heute. Die Zeppelin-Stiftung fiel an die Stadt Friedrichshafen, wo sie seither gewinnbringend und dem Gemeinwohl verpflichtet geführt wird. Mit den Stiftungsunternehmen ZF und Zeppelin GmbH ist die Stadt – nach wechselvoller, finsterer Geschichte – heute Verwalterin des gräflichen Unternehmenserbes.

🍴 Restaurants

€€ | Restaurant Felders im k42 Modernes Restaurant in schöner Hafenlage mit Café und Barbetrieb. ■ Karlstr. 42, Tel. 075 41/39 19 55, www.felders-restaurant.de, Mo–Do 16.30–24, Fr, Sa 9.30–1, So bis 17 Uhr, Plan S. 58 c3

€€–€€€ | Restaurant Hotel Maier Regionale Küche aus Allgäu, Bregenzer Wald und Appenzeller Land. ■ Poststr. 1–3, Friedrichshafen-Fischbach, Tel. 075 41/40 40, www.hotel-maier.de

☕ Cafés

Weber & Weiss Das Konditorei-Café ist berühmt für selbst gemachte, hochwertige Schokoladenspezialitäten sowie Kuchen und (Zeppelin-)Torten. Zeppelin-Nugattaler und Schokoladen-Zeppeline erinnern auf zuckersüße Weise an den Grafen Zeppelin und wandern gern als Mitbringsel ins Gepäck. Leckerstes Eis weit und breit! ■ Wilhelmstr. 23, Tel. 075 41/217 71, www.weber-weiss.de, Plan S. 58 c3

Café im Rathaus Wohlfühlatmosphäre drinnen und mit schöner Terrasse vor dem Rathaus, mediterran ausgerichtete, abwechslungsreiche Speisekarte. ■ Adenauerpl. 1, Tel. 075 41/381 77 66, www.cafe-im-rathaus.com, Mo–Do 9–23.30, Fr, Sa 8–1, So 10.30–23.30 Uhr, Plan S. 58 c3

🛍 Einkaufen

Die **Vinothek** im Schloss Friedrichshafen bietet erlesene Weine und Delikatessen aus Weingut und Wäldern des Herzogs von Württemberg auch zum Probieren an. ■ Schlossstr. 1, Tel. 075 41/30 73 32, www.weingut-wuerttemberg.de, Di–Fr 14–18, Sa 10–13 Uhr, Jan. geschl., Plan S. 58 a3

Kneipen, Bars und Clubs

Tiffany's lounge Trendige Cocktailbar in gemütlicher Atmosphäre für Nachtschwärmer.■ Friedrichstr. 73, Tel. 075 41/ 955 31 11, www.tiffany-lounge.de, tgl. 20–3, Fr, Sa bis 5 Uhr, Plan S. 58 c3

 Kinder

Das **Zeppelin Museum** bietet Führungen und Workshops für Erwachsene und Kinder (ab 6 J.) an.
Das **Dornier Museum** lädt zu Museumsrundgängen für Kinder im Vorschulalter (4–6 J.), Grundschulalter (6–10 J.) sowie für Jugendliche (12–14 J. und ab 14 J.) ein. Eine Anmeldung ist erforderlich.

 Events

Zur Sommerferienzeit findet am Uferpark zehn Tage lang das **Kulturufer** statt, ein Kulturfestival mit Musik, Tanz, Theater, Clownerien und Akrobatik in Zirkuszelten und unter freiem Himmel.
■ www.kulturufer.de

 Erlebnisse

⑩ **Zeppelinflug** Der Mythos Zeppelin wird seit 2001 mit touristischen Flügen im Halbstarrluftschiff »Zeppelin NT« (Neuer Technologie) wieder spürbar. Den gesamten Bodenseeraum im schwebenden »NT« aus 300 Meter Höhe zu betrachten, zählt zu den kostspieligen, aber unvergesslichen Erlebnissen. Das Einsteigen in den leicht im Wind pendelnden Zeppelin gestaltet sich ein wenig aufregend. Überraschend ist danach der schnelle Aufstieg in einen angenehmen, total entspannen-

Ein Zeppelinflug über dem See zählt zu den unvergesslichen Urlaubserlebnissen

den Schwebezustand. Während des Flugs können die Türfenster für perfekte Fotoshootings geöffnet werden. Angeboten werden 13 Flugrouten. ■ www.zeppelinflug.de

ADAC *Mittendrin*

Oberhalb der Ortschaft Ailingen liegt mitten in den Wiesen die kleine **Haldenbergkapelle**. In der Silvesternacht lädt der Veranstalter Sankt Johannes Baptist Ailingen jährlich Christen aller Konfessionen zu einem besinnlichen Jahresausklang mit Blick über den Bodensee und die Feuerwerke ein. *Haldenberg, Friedrichshafen-Ailingen, Beginn 23.15 Uhr, Anmeldung nicht erforderlich.*

Im Blickpunkt

Seehasenfest mit Großfeuerwerk

Mitte Juli wird Friedrichshafen vom Seehasenfest-Fieber gepackt. Dann findet jährlich das fünftägige Kinder- und Heimatfest statt. Sportwettkämpfe, Fischerstechen, Hasenkleeverteilung (Tüte Süßes mit kleinem Seehäsle) an Erstklässler, der Festzug der »Häfler« Schulen und ein Großfeuerwerk Samstagnacht sind die Highlights. Viele ehrenamtliche Helfer, Vereine, Wirte, Feuerwehr, Rettungskräfte und Polizei sind für das Gelingen eines der größten Feste am Bodenseeufer auf den Beinen. Das Spektakel strebt seinem Höhepunkt bei glänzenden Kinderaugen entgegen, wenn der Seehas mit Kanonenschüssen, Pauken und Trompeten in Begleitung der »Weißen Flotte« samstags aus dem »Tiefseemöhrenfeld« des Bodensees an Land geholt wird (www.seehasenfest.de).

16 Tettnang

Barocke Montfort-Stadt zwischen Obstwiesen und Hopfengärten

 Information

■ Tourist-InfoBüro TIB Tettnang, Montfortstr. 41, 88069 Tettnang, Tel. 075 42/51 05 00, www.tettnang.de

Unweit vom Trubel des Bodensees lernt man in gemütlichen Cafés und hervorragenden Restaurants das barocke Flair der historischen Altstadt von Tettnang schätzen. Der Besuch des Neuen Schlosses und des Montfort-Museums führt zurück in die über 500-jährige Residenzzeit der Grafen von Montfort.

 Sehenswert

Neues Schloss Tettnang
| Schloss |

⑪ *Prunkvoller Stammsitz des Adelsgeschlechts der Montfort*

Der Lebensstil der Grafen von Montfort, die von 1260 bis 1780 in Tettnang residierten, war aufwendig, und nicht nur der Bau ihres prachtvollen und luxuriös ausgestatteten Neuen Tettnanger Schlosses (Bau ab 1717 unter Anton III.) dürfte die gräfliche Schatulle schwer gebeutelt haben. Nachdem das Schloss Mitte des 18. Jh. den Flammen zum Opfer gefallen war, bauten die verschuldeten Grafen es mit einem Kredit aus Österreich gleich wieder auf. Die Schulden wuchsen in den Himmel, und die Grafschaft samt Schloss fiel 1779 an Österreich. 1787 erlosch das Adelsgeschlecht mit dem Tod des letzten seiner Grafen, Anton IV. Heute ist das

Wie Phönix aus der Asche: das Neue Schloss Tettnang

barocke Schmuckstück mit seinem schönen Garten im Besitz des Landes Baden-Württemberg. Prunkräume, Treppenhäuser, Korridore sowie ein Informationsraum zu den Montforts und zur Baugeschichte können ganzjährig im Rahmen von Schlossführungen besichtigt werden.

■ Schlossstr. 2, www.schloss-tettnang. de, Führungen v. April–Okt. 11–17 Uhr, Mi geschl., 6 €/Kinder 3 €, Anmeldung Tourist-Info

 Restaurants

€€–€€€ | Restaurant Hotel Rad Regional verwurzelte schwäbische Küche mit internationalen Einflüssen. ■ Lindauer Str. 2, Tel. 075 42/54 00, www.hotel-rad.com

€€–€€€ | Tettnanger Krone Schwäbische Küche und selbst gebrautes Bier im einstigen Wohnhaus Anton IV., dem letzten Grafen von Montfort. ■ Bärenpl. 7, Tel. 075 42/74 52, www.tettnanger-krone.de

17 Ravensburg

Ravensburg – Stadt der Türme, Tore, Museen, Bücher und Spiele

 Information

■ Tourist-Information, Lederhaus, Marienpl. 35, 88212 Ravensburg, Tel. 07 51/ 828 00, www.ravensburg.de/rv/tourismus

Die pädagogisch wertvollen Kinder- und Jugendbücher und Spiele des traditionellen Otto Maier Verlags haben die Stadt Ravensburg mit ihrem Firmenlabel »Ravensburger« im blauen Dreieck weltberühmt gemacht. Heute ist das Museumsviertel mit vier Museen ein weiterer, kulturell bedeutender Höhepunkt im regen, mit Türmen, Toren und lauschigen Gassen mittelalterlich geprägten Ravensburg. Die ehemals freie Reichsstadt zwischen Bodensee und Allgäu ist eine beliebte oberschwäbische Einkaufsmetropole und auch deshalb ein loh-

Mit der ganzen Familie nach Herzenslust spielen im Museum Ravensburger

nender Abstecher ins Hinterland. Nur wenige Kilometer weiter gen Norden liegt die Welfenstadt Weingarten mit der größten Barockbasilika nördlich der Alpen.

 Sehenswert

Museumsviertel Ravensburg
| Museen |

 Museen zu Kunst, Geschichte, Buch, Spiel und Wirtschaftsleben
Vier Museen in der Ravensburger Oberstadt bilden das erlebnisreiche Viertel. Das Kunstmuseum Ravensburg beheimatet die Privatsammlung von Peter und Gudrun Selinka, eine hochklassige Kollektion des deutschen Expressionismus. Das Museum Humpis-Quartier besteht aus sieben Gebäuden und ist eine begehbare Lebenswelt, in der die städtische Kulturgeschichte (11.–20. Jh.) nacherlebt werden kann. Im Wirtschaftsmuseum Ravensburg wird die Wirtschaftsgeschichte (19.–20. Jh.) der Region in multimedialer Insze-

nierung unterhaltsam vermittelt, und im Museum Ravensburger darf nach Herzenslust gespielt und in den Büchern mit dem blauen Dreieck geschmökert werden. Damit wird auch für Kinder ein Museumstag zum reinen Vergnügen.

■ Kunstmuseum Ravensburg, Burgstr. 9, www.kunstmuseum-ravensburg.de, Di–So 11–18, Do bis 19 Uhr, 7 €
■ Museum Humpis-Quartier, Marktstr. 45, www.museum-humpis-quartier.de, Di–So 11–18, Do bis 20 Uhr, 5 €
■ Wirtschaftsmuseum Ravensburg, Marktstr. 22, www.wirtschaftsmuseum-ravensburg.de, Di–So 11–18, Do bis 20 Uhr, 3 €
■ Museum Ravensburger, Öffnungszeiten: www.museum-ravensburger.de, 7,50 €, Kinder (3–14 J.) 5,50 €

 Parken

Parken in Ravensburg günstig rund um die Altstadt in Parkhäusern und auf Parkplätzen.

Restaurants

€–€€ | Kuppelnau Schwäbische und voralpenländische Küche. ■ Kuppelnaustr. 18, Tel. 07 51/359 28 29, www.kuppelnauwirtschaft.de, Mo–Fr, So ab 17 Uhr

€–€€ | Zum Engel Typisch schwäbische Gerichte und internationale Spezialitäten. ■ Marienpl. 71, Tel. 07 51/363 61 30, www.engel-ravensburg.de, tgl. 11–22 Uhr

 Kinder

⑬ In Meckenbeuren, 9 km südlich von Ravensburg gelegen, bietet das **Ravensburger Spieleland** Spiel, Spaß und Action für die ganze Familie. Highlight der acht Themenwelten mit über 70 Attraktionen sind das Alpin Rafting (ab 3 J.) und die »Grüne Oase« (ab 4 J.), in der Abenteuer wie im Heustadelhüpfen, Traktorfahren, Ponyreiten und Kühemelken winken. Im Freizeitpark kann man in Ferienhäusern und Forscher-Zelten übernachten.
■ Am Hangenwald 1, 88074 Meckenbeuren, Tel. 075 42/40 00, www.spieleland.de

ADAC *Mittendrin*

Bereits seit 1529 wird ein kostbares Kleinod der Basilika Weingarten, die **Heilig-Blut-Reliquie**, mit dem »Blutritt« verehrt – der größten religiösen Reiterprozession Europas. Die Heiligen Blutstropfen von Jesus Christus werden jeweils am »Blutfreitag«, dem Tag nach Christi Himmelfahrt, von rund 2500 Reitern in Begleitung zahlreicher Musikkapellen durch die Stadt Weingarten geführt.
www.blutfreitagsgemeinschaft-weingarten.de

 In der Umgebung

Basilika Weingarten
| Wallfahrtskirche |

In der Nachbarschaft von Ravensburg liegt Weingarten. Die Welfenstadt beherbergt auf dem Martinsberg inmitten einer Klosteranlage die größte Barockkirche nördlich der Alpen. Erbaut wurde die katholische Pfarrkirche 1715 bis 1724 unter Abt Sebastian Hyller. Die Fresken von Damian Asam, der Chor von Joseph Anton Feuchtmayer, der Hochaltar von Donato Giuseppe Frisoni, die Heilig-Blut-Reliquie und die berühmte Orgel von Joseph Gabler erheben die Basilika St. Martin zu einem der bedeutendsten Kirchenbauwerke des Hochbarock an der Oberschwäbischen Barockstraße. Die fulminante Orgel ertönt während der Gottesdienste und in internationalen Orgelkonzerten (Aug.–Sept.) namhafter Organisten.
■ Kath. Pfarramt St. Martin, Kirchpl. 3, 88250 Weingarten, Tel. 07 51/56 12 70, www.st-martin-weingarten.de, tgl. 8–19 Uhr

18 Eriskirch

Staatlich anerkannter Erholungsort in idyllischer Umgebung

 Information

■ Tourist-Information, Schussenstr. 18, 88097 Eriskirch, Tel. 075 41/97 08 22, www.eriskirch.de

Eriskirch liegt eingebettet in dem größten Naturschutzgebiet am nördlichen Bodenseeufer. Obstanlagen, Hopfengärten und Wald laden zu erholsamen Spaziergängen, Wanderun-

Der Langenargener Hafen – Startpunkt für viele Ausflugsfahrten

gen und Radausflügen ein. Das Strandseebad mit Wasserrutsche und einem Kinderbereich sowie die urige Dorfgastronomie sorgen für das Wohlbefinden der großen und kleinen Gäste. Eriskirch wird erstmals 1257 erwähnt. Die Pfarrkirche Mariä Himmelfahrt zählt zu den ältesten Wallfahrtskirchen in der Region. Mit ihrem spitzen Turm ist sie das Wahrzeichen der Gemeinde. Sehenswert ist der hochgotische Chorraum mit Trockenmalereien (1420–1430). Kostbar auch das Gnadenbild der Maria mit dem Jesuskind von 1350. Die katholische Pfarrkirche »Zu unserer lieben Frau« im Ortsteil Mariabrunn ist jüngeren Datums, urkundlich wurde sie zuerst 1480 erwähnt. Erstaunlich, dass eine so kleine Gemeinde zwei Kirchenbauten dieser Größenordnungen hervorgebracht hat.

19 Langenargen

Durch seine exponierte Lage am See ist der Ort sonnenverwöhnt

 Information

■ Tourist-Information, Obere Seestr. 2/1, 88085 Langenargen, Tel. 075 43/93 30 92, www.langenargen-tourismus.de

»Versäume ja Langenargen nicht!«, schwärmte Annette von Droste-Hülshoff im Jahr 1842 nach ihrem Besuch dieses malerischen Ortes. Man kann der Dichterin nur beipflichten: Die gleißende Weite und der feine Duft des Sees, die stille Bucht, der fantastische Blick auf die Alpen, das historisch geprägte Flair der Stadt lassen sofort eine unvergleichlich entspannte Atmosphäre entstehen. Das Kunstmuseum, die Kleinkunstbühne Münzhof, der Konzertsaal auf Schloss Montfort, das Kavalierhaus und die mächtige Barockkirche St. Martin zählen zu den Sehenswürdigkeiten vor der traumhaften Seekulisse.

 Sehenswert

Schloss Montfort
| Schloss |

 Auf der Schlossterrasse den Sonnenuntergang genießen

Schloss Montfort ist eines der schönsten Schlösser am Bodensee. Leider kann nur der Turm besichtigt werden. Gemälde des 16. bis 18. Jh. aus der Privatsammlung Günther Grzimek sind im ganzen Schloss verteilt und werden immerhin im Rahmen von Veranstaltungen gezeigt. Hier finden auch die Langenargener Schlosskonzerte statt.

■ Untere Seestr. 3, Tel. 075 43/93 30 92, www.langenargen-tourismus.de, Turmbesichtigung nach Wetterlage, März–Okt. tgl. 10–12/13–17 Uhr, 2 €, Kinder 1 €

Barockkirche St. Martin
| Kirche |

Die Katholische Pfarrkirche St. Martin zählt zu den Perlen der Oberschwäbischen Barockstraße. Graf Anton III. von Montfort ließ die prunkvolle, von Licht durchflutete Kirche von 1718 bis 1720 erbauen. Mit dem Spital »Zum heiligen Geist«, dem heutigen Altersheim, bildet sie das historische Herzstück Langenargens. Im Innenraum sehenswert sind der Hochaltar und die Deckenfresken von Franz Anton Maulbertsch.

■ Marktpl. 7

Landgasthof Adler
| Landgasthof |

Seit 1715 ist der lauschig gelegene historische und denkmalgeschützte Landgasthof Adler in Oberdorf im Familienbesitz. In den Gaststuben herrscht schwäbische Gemütlichkeit, und die Landgastzimmer bezaubern mit liebevoller Ausstattung. Im Sommer lädt eine Blumenterrasse zum Entspannen ein. Auf den Teller kommen frisch zubereitete Lebensmittel aus eigener Produktion sowie aus der Umgebung.

■ Adlerstr. 3, Tel. 075 43/28 07, www.adler-oberdorf.de, Mo–Mi, Fr–Sa 16.30, So 16 Uhr

 Restaurants

€€€ | **Hotel Restaurant Schwedi** Auf Fischgerichte spezialisiertes Restaurant. ■ Schwedi 1, Tel. 075 43/93 49 50, www.hotel-schwedi.de, Frühstück ab 7.30 Uhr, Di geschl.

Im Blickpunkt

Schloss Montfort – einst königlicher Sommersitz

Die Grafen Montfort herrschten mehrere Jahrhunderte über die Bodenseeregion. Ihre im 14. Jh. in Langenargen errichtete »Burg Argen« wurde im 18. Jh. mit Schlossgarten und Orangerie barock ausgebaut. Wegen hoher Schulden ging die Grafschaft 1780 an Österreich über. Die Burganlage verfiel zur Ruine. 1810 wurde Langenargen württembergisch. König Wilhelm I. von Württemberg ließ die alten Gemäuer abreißen und errichtete dort ab 1861 seine Sommerresidenz in maurischem Stil. Er starb 1864 vor der Fertigstellung. Thronfolger König Karl I. vollendete den Bau und nannte es »Schloss Montfort«. 1866 überließ Karl das Schloss seiner Mutter Pauline Therese Luise von Württemberg als Witwensitz für die Sommermonate. Nach Paulines Tod 1873 kaufte Marie Luise Anna von Preußen das Schloss und verbrachte dort bis zu ihrem Lebensende 1901 regelmäßig ihre Sommer. Heute besitzt die Gemeinde Langenargen Schloss Montfort.

Cafés

Strand-Café Lang Im traditionellen Kaffeehaus nahe der Bootsanlegestelle und Schloss Montfort auf der großen Sonnenterrasse die Köstlichkeiten aus der hauseigenen Konditorei, die sorgsam ausgewählten Kaffeesorten oder die erlesenen Weine probieren. ■ Obere Seestr. 32, Tel. 075 43/932 00, www.strandcafe-lang.de

Sport

Die **Segelschule Montfort (BSM)** gilt zusammen mit der Seefahrtschule Süd seit Jahrzehnten länderübergreifend als maritime Kompetenz am Bodensee. Hier können alle Führerscheine und Funkzeugnisse erworben werden. ■ Obere Seestr. 25/1, Tel. 075 43/20 02, www.segelschule-bsm.de

20 Kressbronn

Ein herrliches Naturstrandbad und viele Wassersportmöglichkeiten

Information

■ Tourist-Information Im Bahnhof, Nonnenbacher Weg 30, 88079 Kressbronn, Tel. 075 43/966 50, www.kressbronn.de

Das von Obst- und Weingärten umgebene Kressbronn ist auch eine traditionsreiche Hopfenanbaugemeinde. Der Ferienort am Ufer des Bodensees bietet ein grandioses Schweizer Bergpanorama mit »Säntis-Blick«. Ob Wassersport, Wandern oder Radfahren, in Kressbronn geht es bodenständig, landwirtschaftlich und familienfreundlich zu. Das vermittelt neben der Hofanlage Milz auch der Höhenweg Bauernpfad.

Museum im Malhaus (rechts) auf der Halbinsel Wasserburg

Restaurants

€–€€ | **Gasthaus-Brauerei Max&Moritz** Herzhafte Speisen, hausgebrautes Bier, Ausflugslokal mit Biergarten. ■ Weinbichl 6, Tel. 075 43/65 08, www.maxmoritz-bier.de, tgl. ab 11 Uhr

€€ | **Restaurant Kretzergrund** Regionale und saisonale Spezialitäten, schöne Seeterrasse. ■ Seestr. 50, Tel. 075 43/93 36 30 15, www.seehotel-kressbronn.de

 Kinder

Viele Bauernhöfe in der Umgebung von Kressbronn bieten sich für einen Familienurlaub an. Besonders beliebt im Kinderferienprogramm sind das Mais-Labyrinth bei einem der örtlichen Landwirte, Pony-Erlebnistage, Kutschfahrten, das Naturstrandbad und eine Schifffahrt mit der »Weißen Flotte«.

21 Wasserburg

Besonders die Halbinsel bietet ein traumhaftes Bilderbuchmotiv

 Information

■ Tourist-Information, Lindenpl. 1, 88142 Wasserburg, Tel. 083 82/88 74 74, www.wasserburg-bodensee.de

Im beschaulichen Ambiente rund um die idyllisch gelegene Halbinsel wird Erholungsuchenden ein entspannendes Bodenseefeeling mit kulturellen und sportlichen Möglichkeiten in bezaubernder Natur geboten: Entlang der Streuobstwiesen radeln, wandern, im Frühjahr die Kirschblüte und sommers das Badevergnügen im attraktionsreichen Strandbad Aquamarin sowie die Bodenseeschifffahrt genießen.

 Sehenswert

Museum im Malhaus
| **Museum** |
1597 erbauten die Fugger dieses Gerichtsgebäude und Gefängnis mit Arrestzellen und einem Gerichtssaal. Hier befinden sich auch die »Hexenzellen im Malhaus« zur Dokumentation der Wasserburger Hexenprozesse. Dem berühmtesten Sohn Wasserburgs, dem Schriftsteller Martin Walser, ist im Malhaus eine Dauerausstellung gewidmet. ■ Halbinselstr. 77, Tel. 083 82/75 04 57, www.museum-im-malhaus.de, Mai–Ende Okt. Di, Do, Fr, So 10.30–12.30, Mi, Sa, So 14.30–17 Uhr, 2 €

 Restaurants

€€ | **Weinrädle Hattnau** Im 100 Jahre alten Bauernhaus des »Weinguts Schmidt am Bodensee« trifft man sich zu einem Glas Wein und feinen regionalen Spezialitäten. Führungen durch Weinberge und Keller mit Weinproben in der Vinothek auf Anfrage. ■ Hattnau 62, Tel. 083 82/890 72, www.schmidt-am-bodensee.de, So geschl.

ADAC *Mittendrin*

Überall in der Bodenseeregion gibt es **Rädle**, die in uriger Atmosphäre zünftige Vesper bzw. Brotzeiten und eigene Weine anbieten. Es sind beliebte ländliche Besen- und Straußenwirtschaften, die nur einige Wochen im Jahr geöffnet haben. Dafür sprechen sich die Winzer reihum (im Rad) ab, weshalb auch kein Strauß oder Besen, sondern ein Rad vor der Tür hängt.

22 Lindau

Mediterranes Flair in der denkmalgeschützten Altstadt

![Leuchtturm und Löwe säumen die enge Lindauer Hafeneinfahrt]

Leuchtturm und Löwe säumen die enge Lindauer Hafeneinfahrt

ℹ Information

■ Lindau Tourismus und Kongress
GmbH, Lennart-Bernadotte-Haus, Alfred-
Nobel-Pl. 1, 88131 Lindau, Tel. 083 82/
26 00 30, www.lindau.de
■ Stadtführung Ulrike Below, Tel. 083 82/
273 56 30, www.gaestefuehrerverein-
lindau.de
■ Parken: siehe S. 72

Lindau, die »Insel, auf der Lindenbäu-
me wachsen«, existiert seit 882 und
steckt voller Sehenswürdigkeiten. Mit
dem Schiff von der Seeseite kommend
wird man an der Hafeneinfahrt von
einem stolz dreinschauenden Pracht-
löwen mit offenem Maul begrüßt, und
man weiß sofort: Hier ist man in Bayern! 1856 erschuf der Münchner Pro-
fessor Johann von Halbig den
sechs Meter hohen Riesenlöwen aus
Kelheimer Sandstein. Der observiert
seitdem die Stadt, denn Lindau birgt
viele Schätze: den Mangturm, das Alte
Rathaus mit der »Ehemals Reichsstädtischen Bibliothek«, die Kirche St.
Stephan, das Münster Unserer Lieben
Frau, den Marktplatz mit dem ab
Herbst 2018 geschlossenen Stadtmuseum Haus zum Cavazzen, den Diebs-
turm und die Peterskirche.
All diese Sehenswürdigkeiten zusam-
mengenommen bilden einen stim-

Plan
S. 71

139 Stufen sind es bis zur Aussichtsplattform, um den weiten Panoramablick über die gesamte Lindauer Bucht zu genießen und dem grimmig dreinschauenden, wachsamen bayerischen Wappentier auf Augenhöhe zu begegnen.

■ Leuchtturm geöffnet ab April nach Wetterlage, 2,10 €, Kinder 0,80 €

2 Altes Rathaus

| Rathaus |

 Bekannt für seine farbenfroh bemalte Fassade

Das Alte Rathaus wurde ab 1422 im gotischen Stil erbaut. 1496 hielt Kaiser Maximilian I. seinen Reichstag im Rittersaal ab. Bilderfriese, eine historische Sonnenuhr und der überdachte Verkünder-Erker mit der bildlichen Darstellung der Zehn Gebote am Treppenaufgang ziehen die Blicke der Touristen auf sich. Hier liegt auch der Eingang zur »Ehemals Reichsstädtischen Bibliothek« (ERB), in deren Schatzkammer jahrhundertealtes Wissen zur europäischen Geistes- und Kulturgeschichte besichtigt werden kann. Vor dem Alten Rathaus wurden die Lindauer Bürger einst öffentlich über Neuerungen der Stadtbeschlüsse informiert. 1655 fand das erste Lindauer Kinderfest statt, das bis in die heutige Zeit Tradition hat. Das Alte Rathaus wird noch immer für Stadtrats- und Ausschusssitzungen sowie zu Repräsentationsanlässen genutzt.

■ ERB, Reichspl. (EG Altes Rathaus), Tel. 083 82/277 59 60, Anf. April–Anf. Nov. Di–So 14–17.30 Uhr, Eintritt frei

mungsvollen und abwechslungsreichen Reigen und sind gut zu Fuß erreichbar. Daneben sind an jeder Ecke der denkmalgeschützten, malerischen Altstadt teils skurrile Lindauer Eigenheiten zu entdecken.

Sehenswert

1 Lindauer Hafeneinfahrt

| Hafen |

 Ein riesiger bayerischer Löwe bewacht den Hafen

Die Lindauer Hafeneinfahrt wird von einem gewaltigen, auf einem Sockel thronenden Löwen (1856) und dem Neuen Leuchtturm (1856) flankiert.

Nicht nur bei schönem Wetter lädt die Fußgängerzone zum Flanieren ein

③ Stadttheater
| Theater |

Das Lindauer Stadttheater, eine ehemalige Klosterkirche (13. Jh.), ist das größte Theater am Bodensee und eine bedeutende Bühne für Schauspiel und Konzert. Auf dem Spielplan der dort seit 2010 fest installierten Lindauer Marionettenoper stehen auch Singspiele wie »Im weißen Rössl«, »Schwanensee« und »Die Zauberflöte«.

■ Fischergasse 37, Tel. 083 82/911 39 11, www.marionettenoper.de, Tickets Tourist-Info, 29 €, Kinder (Mindestalter 5 J.) 15 €

④ Haus zum Cavazzen
| Barockgebäude |

Es zählt zu den schönsten barocken Bürgerhäusern am Bodensee – das »Haus zum Cavazzen« am Lindauer Marktplatz. Es wurde vom Appenzeller Baumeister Jakob Grubenmann (1729) erbaut. Geschmückt wird es von opulenter Fassadenmalerei mit für den Barockstil typisch figürlicher Tiefenwirkung. Auffallend und einzigartig ist das gigantische Walmdach. Im »Cavazzen« stellt das Lindauer Stadtmuseum moderne Kunst und Exponate der Lindauer Stadtgeschichte aus – Möbel aus der Spätgotik und dem Jugendstil, historische Waffen, Gemälde, Plastiken (15.–19. Jh.) und mechanische Musikinstrumente. Das Museum wird ab Herbst 2018 wegen Renovierung geschlossen.

■ Marktpl. 6, Tel. 083 82/94 40 73, www.kultur-lindau.de, Dauer-/Sonderausstellung, 8 €, erm. 3 €

⑤ St. Marien
| Kirche |

Das Geläut der barocken katholischen Stadtpfarrkirche schallt weit über die Insel hinaus. Man hält unwillkürlich inne, wenn der Klang der unterschiedlichen Glocken in einen einzigen gewaltigen Ton mündet. Die Ursprünge von St. Marien reichen bis in das Jahr 810 zurück. 1752 wurde die heutige Kirche vom Barockarchitekten Johann Caspar Bagnato errichtet,

der sie ebenso prunkvoll wie das
Deutschordenschloss auf der Insel
Mainau ausstattete.

■ Fischergasse 12

6 St. Stephan

| Kirche |

Die evangelische Rokokokirche St.
Stephan (1180) ist ein Ort der Ruhe im
Gewusel der Lindauer Geschäftigkeit.
Durch die Chorfenster mit biblischen
Motiven fällt mildes Licht und durch-
flutet den schlichten Innenraum. Die
Kirchenbänke sind mit umklappbaren
Rückenlehnen ausgestattet, um be-
quem zum Altar oder zur Kanzel in der
Mitte schauen zu können.

■ Marktpl. 8

7 Maximilianstraße

| Flaniermeile |

Die Maximilianstraße ist Lindaus ent-
zückend verführerische Flanier- und
Einkaufsmeile. Über holprigem Kopfsteinpflaster geht's vorbei an Patrizierhäusern, einladenden Cafés und Restaurants zum Alten Rathaus.

8 Peterskirche

| Kirche |

Als besonderer Kunstschatz in Lindaus
ältester Kirche gelten die Fresken der
»Lindauer Passion«: Szenen aus der
Passion Christi, des Heiligen Petrus und
des Heiligen Christophorus, die Hans
Holbein d. Ä. zugeschrieben werden.

■ Oberer Schrannenpl.

Parken

Auf der gesamten Insel sowie auf dem überwiegenden Teil des Festlands ist das Parken gebührenpflichtig und zeitlich begrenzt. Unlimitiert parken kann man auf Großparkplätzen außerhalb der Altstadt. Onlinebuchung Parkplatz: www.parkopedia.de/parken/lindau

 Restaurants

€–€€ | **Valentin** Das Gewölberestaurant steht für eine gehobene Gourmetküche aus ökologischer Landwirtschaft sowie für internationale und vegetarische Speisen. ■ In der Grub 28 a, Tel. 083 82/504 37 40, www.valentin-lindau.de, Plan S. 71 c2

€€ | **Engel – Bier & Weinstube** Weißwurst, Kartoffelsalat und Nürnberger Rostbratwürstl, Obazda, Kässpatzen und Schweinebraten – dazu passen urbayerisches Bier und Weine vom Bodensee. ■ Schafgasse 4, Tel. 083 82/52 40, www.engel-lindau.de, Plan S. 71 b2

 Cafés

Literatur- und Buchcafé Augustin In dieser Buchhandlung schmökert man gemütlich bei Kaffee und Kuchen in den Büchern. Eine Hintertür der winkligen Räume führt in eine charmante Gartenoase mit nur einem Tisch. Glücklich, wer diesen erhaschen kann. ■ Fischergasse 33, Tel. 083 82/899 83 90, tägl. 10–22 Uhr, Plan S. 71 d2

Ein besonderer Schatz sind die Fresken in der Peterskirche

Einkaufen

In den liebevoll gestalteten Geschäften teils jahrhundertealter Gebäude in der Maximilianstraße und in den Seitengassen locken neben kulinarischen Spezereien Souvenirs, Antiquitäten, individuelle Mode und Schmuck zum Shoppen. Auf dem Wochenmarkt werden knackiges Obst und Gemüse angeboten. Ein besonderes Einkaufserlebnis ist der Lindauer Jahrmarkt, der seit 1652 im November stattfindet.

 Kneipen, Bars und Clubs

Mojito-Bar Latino-Rhythmen und dabei leckere Cocktails genießen. ■ In der Grub 32, Tel. 0171/315 23 26, So–Di 21–2, Fr, Sa bis 3 Uhr, Plan S. 71 c2

ADAC *Wussten Sie schon?*

In geologisch naher Zukunft, in etwa rund 20 000 Jahren, wird der in der Eiszeit entstandene Bodensee verlanden, weil der Rhein jährlich drei Millionen Kubikmeter Geröll in den See speist und die Zuflüsse ebenfalls ständig reichlich Sediment einlagern.

 Kinder

In der **Lindauer Marionettenoper** (S. 70) können sich Kinder mit »Hänsel und Gretel« und »Der Riese Tunichtgut« von der Puppenspielkunst verzaubern lassen.

Zum **Lindauer Kinderfest**, das traditionell am letzten Mittwoch vor den bayerischen Sommerferien stattfindet, sind alle Kinder Lindaus auf den Beinen und feiern mit Umzügen und Spielen.

 Events

Die im Juni stattfindende **Langstrecken-Nacht-Regatta** »Rund Um« der renommierten »Lindauer Seglertage« ist mit rund 400 Segeljachten Deutschlands größter Massenstart. Der Turn um den Bodensee beginnt Punkt 19.30 Uhr. ■ Infos für alle, die mitsegeln wollen, unter ww.lsc.de

 Erlebnisse

Auf seiner **Stadtführung** durch das nächtliche Lindau erzählt Nachtwächter Michl – in mittelalterlichem Outfit – spannende Geschichten und Anekdoten. ■ Treffpunkt (ohne Anmeldung) Alfred-Nobel-Pl. 1, 2. Mai–29. Aug. Mi 21–22.30 Uhr, 7 €, Plan S. 71 b3

Übernachten

Das nördliche Bodenseeufer bietet unzählige Unterkünfte, die in Toplagen zum See aber ihren Preis haben. Weiter im Hinterland übernachtet man im Hotel etwas günstiger. Auch Ferienwohnungen und Privatzimmer sind aufgrund der hohen Nachfrage eher hochpreisig. Viele Unterkünfte bieten bei längerem Aufenthalt Spezialarrangements an.

Stockach 42

€–€€ | **Hotel Fortuna** Komfortable und gemütlich eingerichtete Gästezimmer. ■ Bahnhofstr. 8, Tel. 077 71/91 84 80, www.fortuna-stockach.de

Bodman-Ludwigshafen 42

€€ | **Seehotel Adler** Wellnesshotel in Ludwigshafen, Treffpunkt von Oldtimerclubs. ■ Hafenstr. 4, Tel. 077 73/933 90, www.seehotel-adler.de

€€ | **Sommerhaus garni am See** Idyllisches Hotel in Bodman, Seezugang. ■ Kaiserpfalzstr. 67, Tel. 077 73/76 82, www.hotel-sommerhaus.de

Sipplingen 43

€€ | **Lupinenhotel Bodensee** Liebevoll eingerichtete Zimmer, am Ortsrand mit schöner Seeterrasse. ■ Prielstr. 4, Tel. 075 51/612 27, www.lupinenhotel.de

Überlingen 44

€€ | **Hotel Seegarten** Nahe Schiffsanleger. ■ Seepromenade 7, Tel. 075 51/91 88 90, www.seegarten-ueberlingen.com

€€ | **Strandhotel Seehof** Kneippkurbetrieb, eigener Seezugang. ■ Strandweg 6, Tel. 075 51/94 79 80, www.kurhotel-seehof.de

€€–€€€ | **Parkhotel St. Leonhard** Komfortable Zimmer, Sauna und Spa in Parkanlage. ■ Obere St.-Leonhardstr. 71, Tel. 075 51/80 81 00, www.parkhotel-st-leonhard.de

€€€ | **Romantik Hotel Johanniter-Kreuz** Heimelige Zimmer und kleiner Spa in Andelshofen. ■ Johanniterweg 11, Tel. 075 51/93 70 60, www.johanniter-kreuz.de

Uhldingen-Mühlhofen 46

€€ | **Seehof** Moderne Zimmer in historischem Gebäude, nahe dem Schiffsanleger, mit Seeterrasse. ■ Seefelder Str. 8, Tel. 075 56/929 30, www.hotel-seehof.com

€€€ | **Seevilla** Gepflegtes Boutiquehotel in bester Lage, direkt bei den Pfahlbauten. ■ Seefelder Str. 36, Tel. 075 56/933 70, www.seevilla.de

Meersburg 49

€–€€ | **Zum Bären** Historischer Gasthof (1250) mit gemütlichem Restaurant und heimeligen Zimmern in der Altstadt. ■ Marktpl. 11, Tel. 075 32/432 20, www.baeren-meersburg.de

€€ | **3 Stuben** Stilvolles Hotel-Restaurant im Fachwerkhaus aus dem 16. Jh. ■ Kirchstr. 7, Tel. 075 32/800 90, www.3stuben.de

Hagnau

€ | Ferienwohnungen bei Winzern In-
mitten von Weinbergen, viele mit
Seeblick. ■ Winzerverein Hagnau eG,
Strandbadstr. 7, Tel. 075 32/10 30, Unterkünfte: www.hagnauer.de

€€ | Gasthaus Seeblick Kleine Wohl-
fühloase mit Zimmern und Appart-
ments, Bootssteg mit Strandkorb,
Sonnenterrasse. ■ Seestr. 11, Tel. 075 32/
62 82, www.seeblick-hagnau.de

Friedrichshafen

€€ | Cap Rotach Das Hotel Cap Rotach
ist komfortabel und wird integrativ
geführt. ■ Lindauer Str. 2, Tel. 075 41/
70 07 77 77, www.cap-rotach.de

€€ | Hotel City Krone Modernes Stadt-
hotel mit Hallenbad, Sauna und ge-
pflegter Hotelbar nahe See und Uferpromenade. ■ Schanzstr. 7, Tel. 075 41/
70 50, www.hotel-city-krone.de

€€ | Hotel Maier Familienhotel mit
Restaurant in Seenähe. ■ Poststr. 1–3,
Tel. 075 41/40 40, www.hotel-maier.de

€€€ | SEEhotel Friedrichshafen Beste
Lage direkt an der Uferpromenade
und nahe dem Stadtzentrum. Zimmer
in modernem Design mit schönem
Seeblick. ■ Bahnhofpl. 2, Tel. 075 41/
30 30, www.seehotelfn.de

Langenargen

€€ | Hotel Engel Moderne Komfort-
zimmer, Sonnenterrasse und Privat-
strand. ■ Marktpl. 3, Tel. 075 43/934 40,
www.engel-bodensee.de

€€–€€€ | Hotel Schwedi Am See mit
Schwimmbad, Liegewiese, Fischspezialitäten im Restaurant. ■ Schwedi 1, Tel.
075 43/93 49 50, www.hotel-schwedi.de,
geschl. Ende Nov.–Anfang Feb.

Kressbronn

€€–€€€ | Bodensee-Hotel Sonnenhof
Wohn- und Parkanlage auf Anhöhe,
Spa- und Wellnessbereich mit Pano-
ramabad. ■ Sonnenhof 8, Tel. 075 43/
50 02 20, www.sonnenhof-bodensee.de

€€–€€€ | Seehotel Kressbronn Helle
Designzimmer, Liegewiese, eigener
Seezugang. ■ Seestr. 50, Tel. 075 43/933
63 00, www.seehotel-kressbronn.de

Wasserburg

€€€ | Schloss Hotel Wasserburg Zim-
mer luxuriös, großer Schlossgarten,
Seeterrasse, Liegewiese, eigener
Badestrand. ■ Halbinselstr. 78, Tel.
083 82/273 33 00, www.schloss-hotel-
wasserburg.de

Lindau

**€ | das mietwerk – Boutique Hostel
Lindau** Zimmer oder Apartments in
alter Villa, ruhige Lage im Zentrum.
■ Holdereggenstr. 11, Tel. 083 82/504
11 30, www.dasmietwerk.de

€ | Landhaus im Weingut Ferienwoh-
nungen auf dem Weingut. ■ Schache-
ner Str. 211, Tel. 083 82/934 40, www.
weingut-deufel.de

€€€ | Boutiquehotel Adara Designho-
tel in denkmalgeschütztem Gebäude
(13. Jh.) ■ Alter Schulpl. 1, Tel. 083 82/
94 35 00, www.adara-lindau.de

€€€ | Hotel Bayerischer Hof Fünfster-
nehotel an der Hafenpromenade, in-
dividuell und großzügig gestaltete
Zimmer und Suiten, Wellness-Center
mit Fitnessraum und beheiztem Pool,
stilvolles Restaurant mit feinsten regionalen und internationalen Spezialitäten. ■ Bahnhofpl. 2, Tel. 083 82/91 50,
www.bayerischerhof-lindau.de

Bodenseeufer Österreich– Vorarlberg

Bezaubernde Natur, Bergblicke, kulinarische Genüsse, Kunst, Kultur, Architektur – das glanzvolle Vorarlberg will erkundet werden

Jährlich zieht es Musikbegeisterte aus dem In- und Ausland nach Vorarlberg zu den Bregenzer Festspielen. Anspruchsvolle und zugleich spektakuläre Inszenierungen auf der Seebühne faszinieren, ebenso Lieder und klassische Musik der renommierten Schubertiade in Hohenems und Schwarzenberg. Was liegt näher, als den Kulturtrip mit einem erholsamen Urlaub in der Region Bodensee-Vorarlberg zu verbinden, das Kunsthaus Bregenz zu besuchen, eine Schifffahrt zu unternehmen, die zauberhafte Natur, die Aussichtsberge Pfänder und Karren sowie die Gastronomie zu genießen. Die Region ist ein Paradies für Spaziergänger, Wanderer und Radfahrer. Aber auch universelle Zusammenhänge, wie sie die interaktive Erlebnisausstellung inatura in Dornbirn zeigt oder die Erinnerung an das Ende der jüdischen Gemeinde in Hohenems durch den Holocaust der Nationalsozialisten, werden im Jüdischen Museum Hohenems wachgehalten.

In diesem Kapitel:

ADAC Top Tipps:

6 Bregenzer Festspiele
| Kulturfestival |
Die weltweit einzigartigen Opernaufführungen auf der Seebühne sind ein Highlight. 80

7 Pfänder, Bregenz
| Aussichtsberg |
Mit der Pfänderbahn auf den beliebtesten Ausflugsberg der Bodenseeregion fahren. 82

ADAC Empfehlungen:

17 Kunsthaus Bregenz
| Kunstausstellungen |
Zeitgenössische europäische Kunst im Lichtspiel des Bodenseehimmels betrachten. 79

18 Gebhardsberg, Bregenz
| Burgruine |
Traumhafter Panoramablick auf Rheintal, Liechtensteiner und Schweizer Berge... 81

23 Bregenz

Kunst und Kultur zwischen Bodensee und Bergwelt

Blick über die Stadt auf die Bregenzer Bucht und das Umland

Information

■ Tourist-Information, Bregenz Tourismus und Stadtmarketing GmbH, Rathaus-str. 35 a, A-6900 Bregenz, Tel. 00 43/55 74/ 495 90, www.bregenz.travel
■ Parken siehe S. 82

Das besondere Flair der Vorarlberger Landeshauptstadt Bregenz mit ihren 28 000 Einwohnern in bevorzugter Seelage ist eine gelungene Komposition aus geschäftiger Urbanität, gepaart mit einem hohen Maß an Qualität für Kunst, Kultur und Architektur. Ob bei den Bregenzer Festspielen, beim Radeln, Wandern, Badevergnügen, Schiff-fahren, Shoppen, in Konzerten, Museen, Galerien, auf dem Pfänder oder in den Restaurants – überall empfängt den Besucher Extraklasse in unaufge-regt freundlicher Atmosphäre. Bregenz blickt auf eine Besiedlung in der Früh-bronzezeit um 1500 v. Chr. zurück. 600 v. Chr. ließ sich der Keltenstamm der Brigantier in Vorarlberg nieder, und 15 v. Chr. eroberten Römer die Region und gründeten »Brigantium« – eine Siedlung mit Tempel, Forum, Markthal-le und einer Schiffsflotte für die Vor-herrschaft auf dem »Lacus Briganti-nus«, dem heutigen Bodensee. Ende des 13. Jh. wurde Bregenz als Stadt er-weitert und ging 1451 wenige Jahre

Plan
S. 81

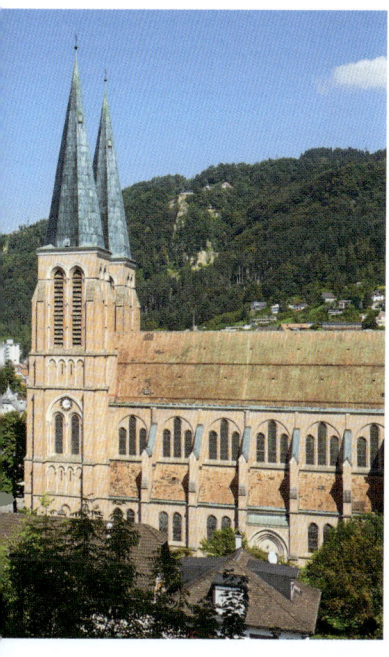

wurden hier in der Vergangenheit ausgestellt. »Das Kunsthaus steht im Licht des Bodensees. Sein Körper ist aus Glasplatten, Stahl und einer Steinmasse aus gegossenem Beton gebaut, die im Innern des Hauses Struktur und Raum bildet. Von außen betrachtet wirkt das Gebäude wie ein Leuchtkörper. Es nimmt das wechselnde Licht des Himmels und das Dunstlicht des Sees in sich auf, strahlt Licht und Farbe zurück und lässt, je nach Blickwinkel, Tageszeit und Witterung, etwas von seinem Innenleben erahnen«, so beschreibt der Schweizer Architekt Peter Zumthor seinen Entwurf des Gebäudes, der eigentlich nur »ein schlichter Behälter für Kunst werden sollte«.

■ Karl-Tizian-Pl. 1, Tel. 00 43/55 74/ 48 59 40, www.kunsthaus-bregenz.at, Di–So 10–18, Do 10–20 Uhr, 9 €, erm. 7 €, Kinder/Jugendl. freier Eintritt

nach den Appenzeller Kriegen zur Hälfte an das Fürstentum Habsburg. Infolge des Endes der Herrschaft der Grafen von Montfort wurde ganz Bregenz 1523 österreichisch.

Sehenswert

1 Kunsthaus Bregenz
| Kunstausstellungen |

Zeitgenössische Kunst im Lichtspiel des Bodenseehimmels

Sowohl die Architektur selbst als auch die wechselnden Ausstellungen des Kunsthauses Bregenz genießen Weltrang. Werke so berühmter Künstler wie Jeff Koons und Roy Lichtenstein

ADAC *Spartipp*

Mit der **Bodensee-Vorarlberg Freizeitkarte** fährt man gratis Bus und Bahn in ganz Vorarlberg und erhält günstigere Eintrittpreise bei über 40 Ausflugszielen. Die Karte kann bei Bodensee-Vorarlberg Tourismus, Partner-Hotels und Tourismusbüros der Region gekauft werden. Preis der 1-Tages-Karte 16 €, 2-Tage-Karte 25 €, 3-Tage-Karte 32 €.
Bodensee-Vorarlberg Tourismus, Tel. 00 43/55 74/3 44 30, www.bodensee-vorarlberg.com

Vorarlberg Museum
| Landesmuseum |

Kunst, Kultur, Volkskunde und Archäologie Vorarlbergs werden mit rund 160 000 Ausstellungsstücken im Vorarlberg Museum präsentiert. Unter den Exponaten befindet sich auch die Sammlung von Werken der schweizerisch-österreichischen Malerin Angelika Kauffmann. Ein interessanter Ort für alle, die sich umfassend über Vorarlberg informieren möchten.

■ Kornmarktpl. 1, Tel. 00 43/55 74/460 50, www.vorarlbergmuseum.at, Di–So, Fei 10–18, Do 10–20 Uhr, 9 €, erm. 7 €, Kinder/Jugendl. freier Eintritt

Nepomuk- und Seekapelle
| Kapellen |

Die Nepomukkapelle (1757) mit Hochaltar und Malereien im Rokokostil wurde in Form einer Rotunde erbaut. Sie ist ein Barockjuwel am Kornmarktplatz. Direkt am Rathaus schließt die kleine Seekapelle an. Sie wurde 1445 zur Erinnerung an den Sieg über die Appenzeller erbaut und 1699 nach Plänen von Christian Thumb barockisiert. Die Seekapelle ist besonders in den heißen Sommermonaten ein wohltuender Ort der Stille und Kühle.

■ Rathausstr. 4

④ Oberstadt
| Stadtteil |

Die mittelalterliche Oberstadt mit Martinsturm, Montfort-Brunnen und dem Alten Rathaus ist umgeben von Wehrmauern. Man wandelt auf Kopfsteinpflaster und blickt im Sommer auf Rosenranken und eine grüne Pflanzenwunderwelt. In diese verwunschene Oase einer längst vergangenen Zeit führt ein steiler Steig von der Fußgängerzone aus hinauf zum Stadttor.

Martinsturm und Martinskapelle
| Turm und Kapelle |

Der Martinsturm ist das Wahrzeichen der Stadt. Um 1250 war er ein Speicherbau, 1362 wurde darin die Martinskapelle errichtet, die mit prächtigen Fresken zu biblischen Geschichten für alle, die nicht lesen konnten, geschmückt wurde. Der Besucher erhält mit den Wandbildern einen Einblick in die Glaubenswelt des Mittelalters. Zu sehen ist u. a., wie St. Martin seinen Mantel mit dem Bettler teilt.

■ Oberstadt, Martinsgasse 3 b, Tel. 00 43/55 74/410 15 60, Mai–Okt. Di–So 10–18 Uhr, 3,50 €, Kinder (bis 15 J.) und Pilger 1 €

⑥ Pfarrkirche St. Gallus
| Kirche |

Die 1079 erstmals urkundlich erwähnte Pfarrkirche St. Gallus – vermutlich die ehemals römische »Aureliakirche« – thront am Kirchplatz im Stadtteil Dorf. Von Bränden zerstört, erhielt die Kirche 1477 einen Turm aus Sandstein und wurde vergrößert. Von 1737 bis 1740 wurde sie vom Bregenzer Baumeister Franz Anton Beer barock umgebaut. Glänzender Schatz ist der Hochaltar, der aus mehr als 40 Silber- und Silberholzobjekten besteht, die Mitte des 17. Jh. bis 18. Jh. gesammelt und 2010 restauriert wurden.

■ Kirchpl. 3, Tel. 00 43/55 74/425 63, www.sanktgallus.at

Festspielhaus und Seebühne
| Kulturfestival |

 Turandot, Carmen und Rigoletto als einzigartige Inszenierungen

Die Bregenzer Festspiele sind im Juli und August mit über 60 Veranstaltungen jährlich »das« große Kulturfestival am Bodensee. Highlights sind die

Musicals, Operetten und Opern, die auf der weltweit größten Seebühne vor dem Festspielhaus in der natürlichen nächtlichen Kulisse des Bodensees mit überdimensionalen Bühnenbildern, technischen Raffinessen und einzigartiger Akustik brillieren. Das Orchester der Festspiele sind traditionell die renommierten Wiener Symphoniker. Nach Bizets »Carmen« steht 2018/19 Verdis »Rigoletto« auf dem Programm.

■ Ticket Center, Pl. der Wiener Symphoniker 1, Tel. 00 43/55 74/40 76, www.bregenzerfestspiele.com

8 Kloster Mehrerau
| Kloster |

Die Abtei Mehrerau wurde 1097 von Konstanzer Benediktinermönchen gegründet. Seit 1854 beten, arbeiten und leben hier die Mönche der Zisterzienserabtei Wettingen-Mehrerau in herrlichster Lage am Bodensee. Im Rahmen von Führungen sind die Bibliothek mit ihren 120 000 Bänden, die Klostergruft, der Tafelsaal und der Klosterkeller zu besichtigen. Im Innenhof der riesigen Anlage hat der Klosterkeller Spezialitäten aus eigenem Anbau auf der Speisekarte.

■ Zisterzienserabtei Wettingen-Mehrerau, Mehrerauerstr. 66, Tel. 00 43/55 74/714 61, www.mehrerau.at, Besuch auf Anfrage

9 Gebhardsberg
| Burgruine |

18 *Traumhafter Panoramablick auf Rheintal und Berge*

Auf dem bei Wanderern und Spaziergängern beliebten Gebhardsberg oberhalb von Bregenz befindet sich die hochmittelalterliche Ruine der ehemaligen Burg Hohenbregenz (1097). Im noch erhaltenen Saalbau wurde 1723

eine dem Hl. Gebhard geweihte Wall-
fahrtskapelle errichtet. Im Burgrestaurant Gebhardsberg blickt man bei Kaffee und Kuchen oder feinen Speisen
über die Bregenzer Bucht.

10 Pfänder

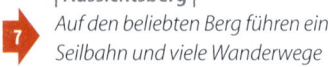

| Aussichtsberg |

*Auf den beliebten Berg führen eine
Seilbahn und viele Wanderwege*

Lieblingsberg nicht nur der Bregenzer
ist der 1064 Meter hohe Pfänder. Man
erreicht ihn in sechs Minuten mit der
Seilbahn oder auf schönen Wanderwegen. Oben genießt man eine herrliche
Sicht über den Bodensee, bei klarem
Wetter bis Konstanz. Gasthäuser, der
ganzjährig geöffnete Alpenwildpark,
ein Abenteuerspielplatz und viele Win-
tersportmöglichkeiten machen den
Pfänder zum beliebten Ausflugsziel.
◾ Abfahrt Steinbruchgasse 4, A-6911
Lochau, Tel. 00 43/55 74/42 16 00,
www.pfaenderbahn.at, tgl. 8–19 Uhr,
Berg- und Talfahrt Sommer 13 €, Kinder
(6–15 J.) 6,50 €

Parken

Ein Leitsystem mit elektronischen Hin-
weistafeln an rund 30 Standorten leitet
zu einem der rund 2650 gebührenpflichtigen Parkplätze unterschiedli-
cher Preisklassen.

Restaurants

€ | Il Monello Pizza und Pasta schmack-
haft und frisch zubereitet. ◾ Anton-
Schneider-Str. 3, Tel. 00 43/55 74/526 56,
www.il-monello.at, Plan S. 81 c1

€–€€ | Kornmesser Im Barockbau von
1720 werden klassische Speisen serviert.
◾ Kornmarktstr. 5, Tel. 00 43/55 74/548 54,
www.kornmesser.at, Plan S. 81 c1

€€€ | Casino Restaurant Falstaff Natio-
nale und internationale Küche. Zutritt
ab 18 J. in eleganter Garderobe mit Aus-
weis. ◾ Platz der Wiener Symphoniker 3,
Tel. 00 43/55 74/451 27, www.casinos.at/
de/bregenz, tgl. 18–24 Uhr, Plan S. 81 a1

Cafés

KUB Café Moderne urbane Küche und
stylishes Barkonzept neben dem
Kunsthaus Bregenz. ◾ Karl-Tizian-Pl. 1,
Tel. 00 43/55 74/471 15 11, Plan S. 81 c1

Einkaufen

Bregenz ist bekannt für seine Mode-
und Schmuckboutiquen entlang der
Kaiserstraße. Zudem locken viele Geschäfte in den Nebenstraßen mit attraktiven Waren, die mit viel Service
angeboten werden. ◾ Plan S. 81 b2

Kneipen, Bars und Clubs

BeachBar Bei schönem Wetter ideal
zum Relaxen in der Strandbar, abends
cooler Szene-Treff. ◾ Wirtshaus am See,
Seepromenade 2, Tel. 00 43/55 74/422 10,
www.wirtshausamsee.at, Mo–Fr ab 16, Sa
ab 14, So ab 11 Uhr, Plan S. 81 b1

Events

Nach den Festspielen Ende August
findet in Bregenz das dreitägige **Ha-
fenfest** statt, gespickt mit kulinarischen
Verlockungen, Musikprogramm, allerlei
Budenzauber unter freiem Himmel
und Prachtfeuerwerk am Samstag.

Erlebnisse

In der Harder Bucht liegt die **Hohentwiel** – ein glanzvoller, historischer

Liebhaber alter Luxusautomobile kommen hier ins Schwärmen

Schaufelraddampfer, der sich vor den Bodenseehäfen mit tiefem Schiffshorngetute ankündigt. Man speist ganz hervorragend auf dem Luxusschiff. ■ Hohentwiel Schifffahrtsgesellschaft, Hafenstr. 15, A-6971 Hard, Tel. 00 43/55 74/635 60, www.hohentwiel.com

24 Dornbirn

Rolls-Royce-Prachtkarossen und ein Museum zum Anfassen

 Information

■ Dornbirn Tourismus & Stadtmarketing GmbH, Rathauspl. 1 a, A-6850 Dornbirn, Tel. 00 43/55 72/221 88, www.dornbirn.info

Die ehemalige Textil- und heute bedeutende Messestadt Dornbirn, die als Siedlung im Alemannischen (550–650) gründet und 1901 von Kaiser Franz Joseph I. den Stadtstatus erhielt, kennzeichnet eine bunte Mischung aus Naturerlebnis, Tradition und Innovation.

Das »Rote Haus«, Jugendstilgebäude und Fabrikantenvillen, die Pfarrkirche St. Martin und der Marktplatz prägen das facettenreiche Altstadtbild.

 Sehenswert

inatura

| Naturmuseum |

Die inatura ist eine innovative Erlebnisausstellung zum Anfassen. Faszinierend sind die simulierten Reisen zu anderen Planeten und zu urzeitlichen Meerestieren. In »Science Zones« wird ein Solarflugzeug mit Licht gestartet oder der Weg des Stroms aus der Steckdose erklärt.
■ Jahngasse 9, Tel. 00 43/55 72/23 23 50, www.inatura.at, tgl. 10–18 Uhr, 11 €, Kinder (6–15 J.) 5,50 €

Rolls-Royce Museum

| Automuseum |

Die Prachtkarossen von Queen Mum, King Edward VIII. und King George V. sind nur drei der rund 80 erlesenen

Exponate, die im weltgrößten Rolls-Royce Museum zu bewundern sind. Alle »RRs« sind mit Geschichten verbunden, die in Museumsführungen gern und ausführlich erzählt werden.
■ Gütle 11 a, Tel. 00 43/55 72/526 52, www.rolls-royce-museum.at, Di–So, Fei 10–18 Uhr, 6 €, Kinder 3 €

Karren
| Aussichtsberg |
Auch Dornbirn hat einen attraktiven Hausberg – den Karren. Zu Fuß oder in einer Gondel geht's in 5 Minuten 976 Meter hinauf, um von hier einen fantastischen Rundumblick zu genießen. Eine Stärkung im Panoramarestaurant sollte man sich nicht entgehen lassen.
■ Dornbirner Seilbahn GmbH, Gütlestr. 6, Tel. 00 43/55 72/221 40, www.karren.at, Berg- und Talfahrt, Mitte März–Anf. Nov., Mo–Do/So 9–23, Fr, Sa bis 24 Uhr, alle 15 Min., 11,10 €, Kinder 5,50 €

Rappenlochschlucht
| Naturschauspiel |
Die gut erschlossene Rappenlochschlucht zählt zu den größten Schluchten Mitteleuropas – in Jahrhunderten von der Dornbirner Ach in den Kalkstein gegraben. Hier lässt sich eine schöne Klammwanderung unternehmen. Die Schlucht beginnt beim Areal der ehemaligen Spinnerei »Gütle«. Die gut gesicherten Holzstege führen vorbei an bizarren Felsformationen und lassen in tiefe Abgründe blicken. Die Fotodokumentation unter www.argen-blicke.de (»Alles fließt!«) zur Einstimmung ist empfehlenswert.
■ Ortsteil Gütle, Tel. 00 43/55 72/221 88, www.rappenloch.at, Ende April–Mitte Nov., 1 ¼ Std., gelb-weiße Markierung

Restaurants

€–€€€ | **Rotes Haus** Restaurant und Café im Holzhaus von 1639 mit täglich frischen Eiskreationen. ■ Marktpl. 13, Tel. 00 43/55 72/315 55, www.roteshaus.at, Di–So 11.30–14.30/17.30–24 Uhr

25 Hohenems
Jüdisches Viertel und Schubertklänge in der malerischen Stadt im Rheintal

Information

■ Tourismus & Stadtmarketing Hohenems, Marktstr. 2, A-6845 Hohenems, Tel. 00 43/55 76/427 80, www.hohenems.at

Hohenems ist berühmt wegen der im 18. Jh. in der Palastbibliothek entdeckten Handschriften des Nibelungenliedes, seiner vorbildlichen Erinnerungskultur an die Jüdische Gemeinde und der von Herman Prey 1976 ins Leben gerufenen »Schubertiade«, die jährlich zu Ehren des österreichischen Komponisten Franz Schubert stattfindet.

Sehenswert

Jüdisches Museum
| Museum |
Das Jüdische Museum Hohenems in der Villa Heimann-Rosenthal erinnert an die Geschichte und das Zusammenleben von Juden und Christen in Hohenems. Dabei steht vor allem der Umgang mit der jahrhundertealten jüdischen Gemeinde bis zu ihrer Vernichtung in der NS-Zeit im Fokus.
■ Schweizer Str. 5, Tel. 00 43/55 76/739 89, www.jm-hohenems.at, Di–So, Fei 10–17 Uhr, 8 €, erm. 5,00 €, Kinder/Jugendl. (bis 19 J.) Eintritt frei

Das Jüdische Viertel
| Stadtbild |

Der Baubestand des ehemaligen Jüdischen Viertels in Hohenems prägt den historischen Kern der Stadt in der Marktstraße, Harrachgasse und Schweizer Straße. Erhalten sind u.a. Wohnhäuser der jüdischen Familien, die Synagoge, das Schulhaus sowie das Armen- und Altenhaus.

Palast Hohenems
| Renaissancebau |

Das rechteckige Renaissancepalais (1563) war einst Sitz der Emser Grafen. Bedeutende Handschriften des Nibelungenliedes wurden im 18. Jh. in der Bibliothek des Palais gefunden. Heute residiert hier die Familie Waldburg-Zeil-Lustenau-Hohenems, die den Westflügel des Palais in eine Eventlocation mit Gastrotempel verwandelt hat.

■ Schlosspl. 8, Tel. 00 43/55 76/745 55, www.palast-hohenems.at, Führung nach Anmeldung, 9 €

 Restaurants

€€–€€€ | Restaurant im Palast Tafeln wie die Ritter vor 450 Jahren und in der Sommersaison täglich BBQ im Garten. ■ Schlosspl. 8, Tel. 00 43/55 76/778 88, www.palast-gastronomie.at, tgl. 17–23, So, Fei 11–23, BBQ ab 16 Uhr

 Events

Schubertiade Im Markus-Sittikus-Saal in Hohenems und im Angelika-Kauffmann-Saal in Schwarzenberg finden jährlich im August, September und Oktober die Konzerte der Schubertiade statt. Ein Festival mit Lieder-, Klavierabenden und Kammerkonzerten der Werke Franz Schuberts in Starbesetzung. Zur Spielzeit haben sechs Museen der Schubertiade geöffnet und geben tiefe Einblicke in das Leben und Werk des Komponisten. ■ Schubertiade GmbH – Villa Rosenthal, Schweizer Str. 1, Tel. 00 43/55 76/720 91, www.schubertiade.at

Die wildromantische Rappenlochschlucht mit spektakulären Wanderwegen

Auf der Schattenburg blickt man in die Lebenswelt früherer Jahrhunderte

26 Feldkirch

Hohe Türme, enge Gassen – Mittelalterambiente in der Montfort-Stadt

Information

■ Stadtmarketing und Tourismus Feldkirch GmbH, Montfortpl. 1, A-6800 Feldkirch, Tel. 00 43/55 22/ 734 67, www.feldkirch.travel

Feldkirch wurde erstmals 1218 als Stadt erwähnt. Aus dieser Zeit stammt auch die vom Stadtgründer Graf Hugo I. von Montfort erbaute Schattenburg. Im historischen Zentrum unterhalb der Burg findet jährlich Anfang Juni das dreitägige Montfortspektakel mit Markt, Kunsthandwerk und Musik statt.

◉ Sehenswert

Schattenburg und Schattenburg-Museum
| Burg und Museum |

Die Schattenburg ist das Wahrzeichen der Stadt und außerdem das wohl beliebteste Ausflugsziel für Familien und Kinder. Die Burg bot den Grafen Montfort Sicherheit für Stadt und Verkehr. Später ging die Anlage in den Besitz der Habsburger über, bis sie 1825 von der Stadt Feldkirch übernommen wurde. Die mittelalterliche Burg ist komplett erhalten, auch Bergfried und Mauern stammen aus dem 13. Jh. In den Obergeschossen des Anwesens entfaltet das Schattenburg-Museum in 18 Räumen eine Vorstellung von der Wohnwelt im Laufe der Jahrhunderte.

■ Burggasse 1, Tel. 00 43/55 22/71 98 21, www.schattenburg.at, April–Okt.
Mo–Fr 9–17, Sa, So, Fei 10–17 Uhr, 7 €, Kinder (6–11 J.) 3,50 €, Jugendl. (12–17 J.) 5,50 €,

Wildpark Feldkirch
| Wildpark |

Der weitläufige Wildpark um den Feldkircher Hausberg »Ardetzenberg« ist Heimat für Rot- und Damwild, Steinbock, Murmeltier, Gämse, Uhu und Steinadler. Luchs, Wildkatze und Wolf werden in Gehegen gehalten.

■ Ardetzenweg 20, Tel. 00 43/55 22/741 05, www.feldkirch.at/wildpark, ganzj. geöffnet, Eintritt frei

Restaurants

€€–€€€ | **Schattenburg Schlosswirtschaft** Das Riesenschnitzel ist legendär.
■ Burggasse 1, Tel. 00 43/55 22/724 44, www.schattenburg.cc

Übernachten

Die Übernachtungspreise liegen zur Zeit der Bregenzer Festspiele von Juli bis August (www.bregenzerfestspiele.com) deutlich höher, und die Unterkünfte sind in der Regel schon früh ausgebucht. In der Umgebung lassen sich aber häufig noch Zimmer finden.

Bregenz 78

€–€€ | Pension Sonne B&B-Pension in der Fußgängerzone. ■ Kaiserstr. 8, Tel. 00 43/55 74/425 72, www.sonne.bbn.at

€€ | Germania Gut ausgestattete Zimmer in Laufweite zur Innenstadt. ■ Am Steinenbach 9, Tel. 00 43/55 74/42 76 60, www.hotel-germania.at

€€ | Messmer Hotel am Kornmarkt Modern und komfortabel mitten in Bregenz. ■ Kornmarktstr. 16, Tel. 00 43/55 74/423 56, www.hotel-messmer.at

€€ | Schönblick Komfortables Hotel nahe Pfänder mit Seeblick. ■ Dorf 6, A-6911 Eichenberg, Tel. 00 43/55 74/459 65, www.schoenblick.at

€€€ | Hotel Schwärzler Viel Komfort, ruhige Lage. ■ Landstr. 9, Tel. 00 43/55 74/49 90, www. schwaerzler.s-hotels.com

Dornbirn 83

€–€€ | Katharinenhof Moderne Zimmer in zentraler Lage. ■ Franz-Michael-Felder-Str. 2, Tel. 00 43/55 72/225 77, www.hotel-katharinenhof.at

Hohenems 84

€–€€ | Gasthof Landhaus Schiffle Geräumige Zimmer im Landhausstil. ■ Radetzkystr. 38, Tel. 00 43/55 76/724 32, www.hotel-schiffle.at

Feldkirch 86

€ | Hotel Garni Bären Patrizierhaus aus dem 14. Jh. mit gemütlichen Räumen, zentrumsnah. ■ Bahnhofstr. 1, Tel. 00 43/55 22/355 00, www.hotel-baeren.at

ADAC *Das besondere Hotel*

Seehotel Die Zimmer bieten eine fantastische Sicht auf See oder Pfänder, und der große Wellnessbereich ist luxuriös. Das auf Pfählen im See stehende Badehaus mit Bar, Sonnenterrasse und direktem Seezugang verleiht eine mondäne Kurhausatmosphäre. Im Restaurant »Wellenstein« gibt's österreichische Küche vom Feinsten.
€€€ | Am Kaiserstrand 1, A-6911 Lochau, Tel. 00 43/55 74/581 11, www.seehotel-kaiserstrand.com

Fürstentum Liechtenstein

*Die Wohlfühlmonarchie lockt mit fantastischer Gebirgswelt, reiz-
vollen Dörfern, lebendiger Kultur und hervorragender Gastronomie*

Als Urlaubsziel hat Liechtenstein viel
zu bieten: Kunst und Kultur, herrliche
Wanderrouten und schneesichere
Skigebiete. Es ist eine fürstlich-feudale
und doch supermoderne Erlebniswelt
mit gastfreundlichen Menschen, die
den Bodenseereisenden in diesem
kleinen – nur 24,6 km langen und 12,4
km breiten – Land erwartet.

In diesem Kapitel:

ADAC Empfehlungen:

19 Schloss Vaduz
| Fürstenresidenz |
Der Wohnsitz der fürstlichen
Familie und das Wahrzeichen
Liechtensteins. 90

**20 Schatzkammer
Liechtenstein, Vaduz**
| Landesmuseum |
Die Sammlung an Schätzen reicht
von der Erde bis zum Mond. 90

21 Burg Gutenberg, Balzers
| Burg |
Das hochmittelalterliche Juwel steht
im Süden Liechtensteins. 94

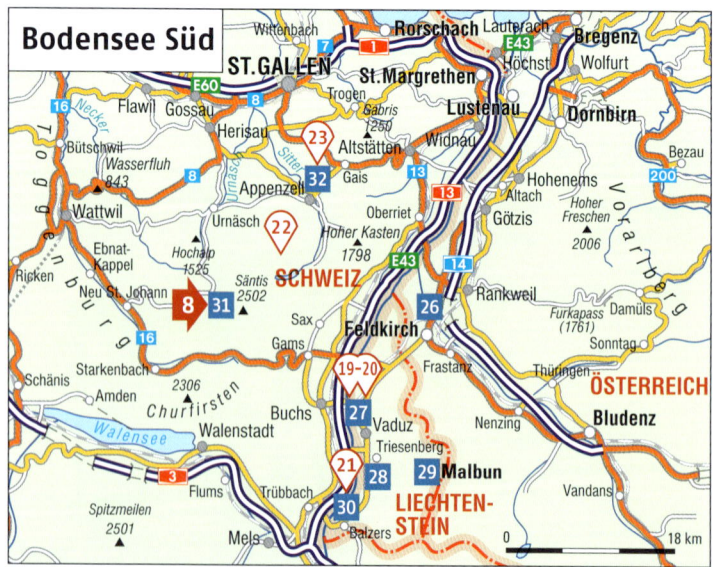

89

Kostbarkeiten in der Schatzkammer der Fürsten von Liechtenstein

27 Vaduz

Residenz der Fürsten von Liechtenstein und international geschäftiger Hauptort

 Information

■ Tourist Office, Liechtenstein Center, Städtle 39, FL-9490 Vaduz, Tel. 004 23/239 63 63, www.tourismus.li

Das 5000 Einwohner zählende Städtle Vaduz, erstmals ab 1175 als »de Faduzes« erwähnt, ist sowohl Sitz der Staatsregierung als auch des Erzbistums Vaduz. Auch die Fürstenfamilie hat hier ihre Residenz. Vaduz ist bekannt als internationaler Finanzplatz und glänzt aufgrund des Wohlstands darüber hinaus mit historischen und modernen Meisterwerken der Architektur. Die Liechtensteiner Schatzkammer und das Landes- und Kunstmuseum Liechtenstein mit der Sammlung Hilti Art Foundation sind von Weltrang.

 Sehenswert

Schloss Vaduz

| Fürstenresidenz |

 Wahrzeichen des Landes und fürstlicher Wohnsitz

Das Fürstenschloss liegt hoch über Vaduz und ist das Wahrzeichen Liechtensteins. Die erste Erwähnung datiert 1322. In den Besitz des Hauses Liechtenstein ging es 1712 über, verfiel dann zunehmend und wurde von 1905 bis 1912 renoviert. Die Fürstenfamilie wohnt seit 1938 auf Schloss Vaduz. Vom Städtle aus führt ein gut ausgebauter Spazierweg bis zum Schloss, das innen nicht besichtigt werden kann.

■ Fürst-Franz-Josef-Str. 150

Schatzkammer Liechtenstein

| Landesmuseum |

 Apfelblütenei von Fabergé und Mondgestein

Die Schatzkammer zeigt einmalige Objekte, die überwiegend aus fürstlichem Besitz stammen, darunter das

berühmte grüngoldene »Apfelblütenei« von Peter Carl Fabergé und eine Auswahl der um 1820 bis 1830 von Johann Ludwig Bleuler gemalten »Rheinreise«. Mondgesteine der Apollo-Missionen und Liechtensteiner Fahnen, die bei der Mondlandung mit an Bord waren, sowie die erste Briefmarke Liechtensteins sind hier der Öffentlichkeit zugänglich.

■ Städtle 43, Tel. 004 23/239 68 20, www.landesmuseum.li, tgl. 10–17 Uhr, 8 CHF, Kinder (bis 15 J.) Eintritt frei

Liechtensteinisches Landesmuseum
| Heimatmuseum |

Das Landesmuseum vermittelt interessant aufbereitete Einblicke in die wechselvolle Geschichte des Fürstentums sowie Fauna, Flora und Leben in Liechtenstein.

■ Städtle 43, Tel. 004 23/239 68 20, www.landesmuseum.li, Di/Do–So 10–17, Mi bis 20 Uhr, 10 CHF, Kinder (bis 15 J.) Eintritt frei

Kunstmuseum Liechtenstein mit Hilti Art Foundation
| Kunstmuseum |

Das Kunstmuseum Liechtenstein zeigt internationale zeitgenössische Kunst und im Erweiterungsbau die Sammlung Hilti Art Foundation mit bedeutenden Gemälden und Plastiken u. a. von Gauguin, Lehmbruck, Boccioni, Picasso, Kirchner, Marc, Magritte, Klee, Beckmann und Giacometti. Von außen erscheint das Museum als kühler, avantgardistisch schwarzer Kubus, doch von innen erstrahlen die Ausstellungsräume über eine Glasdecke in natürlichem Tageslicht, was den Besuch dieses eleganten und durchdachten Museumskomplexes zu ei-

nem besonderen Kunstgenuss werden lässt. Im Foyer lädt das Café (sensationell die Sushi und Sashimi!) zum Verweilen ein.

■ Städtle 32, Tel. 004 23/235 03 00, www.kunstmuseum.li, Di–So 10–17, Do bis 20 Uhr, 15 CHF, Kinder (bis 16 J.) Eintritt frei

Fürstliche Hofkellerei
| Weinkellerei |

Liechtensteiner Weine sind von Qualität. Aushängeschild ist die Fürstliche Hofkellerei, herrlich gelegen in der Reblage Herawingert nördlich von Vaduz. Sie wird von Spitzensommelier Simon Klockner geleitet, der sich aus Leidenschaft für die weltweite Bekanntheit des Vaduzer Weins einsetzt. Die urgemütliche kellereigene Vinothek und das Spezialitätenrestaurant »Torkel« sorgen für einen genießerischen Höhepunkt des Vaduzbesuchs.

■ Feldstr. 4, Tel. 004 23/232 10 18, www.hofkellerei.li, Mo–Fr 11–17 Uhr

Parken

Vaduz verfügt im Zentrum über kostenpflichtige Parkplätze, alle sind ab 17 Uhr gratis. Reservierung und Informationen unter Tel. 004 23/237 78 49 und www.parkingcard.ch

Restaurants

€€ | **Brasserie Burg** Hier trifft man sich zu Steinofenpizza und Salatbüfett, Sandwich, Burger und Pasta – auch vegetarisch und vegan und: zum Mitnehmen. ■ Städtle 15, Tel. 004 23/232 23 83, www.adler.li/de/brasserieburg, tgl. 8.30–23 Uhr

€€€ | **Torkel** Das Restaurant in der Fürstlichen Hofkellerei serviert internationale und regionale Speisen mit gehobenem Anspruch.■ Hintergasse 9, Tel. 004 23/232 44 10, www.torkel.li, Di–Fr 11.30–13.30/18.30–21, Sa 18.30–21 Uhr

 Kneipen, Bars und Clubs

Esquire Bar Stylisher Treffpunkt im Herzen von Vaduz, bekannt besonders für Mixed Drinks und feine Speisen. ■ Aeulestr. 51, Tel. 004 23/232 95 95, www. esquire.li, Di–Sa 10–1 Uhr

 Events

Der Liechtensteiner Staatsfeiertag findet traditionell jährlich am 15. August mit einem Staatsakt auf der Schlosswiese und einem Volksfest im Städle statt. Höhepunkt ist ein 30-minütiges **Prachtfeuerwerk**, das über Schloss Vaduz den Himmel zauberhaft erleuchtet.■ www.staatsfeiertag.li

28 Triesenberg

Die Walsergemeinde – Liechtensteins Sonnenterrasse hoch überm Rheintal

 Information

■ Gemeinde Triesenberg, Landstr. 4, FL- 9497 Triesenberg, Tel. 004 23/265 50 10, www.triesenberg.li

Um 1280 wurde die höchstgelegene Gemeinde im Fürstentum von den Walsern besiedelt. Darauf ist man bis heute stolz und hält die Erinnerungen an die Walserzeit wach. Es wird noch Walserdialekt gesprochen und im Walsermuseum erfährt man, wie es damals im Dorf zuging. Ein großer Schatz Triesenbergs ist auch die intakte Natur. Der Ort gilt als Eldorado für Familienferien in den Bergen und für

Genießer. Ob bodenständige Traditionsspeisen, internationale Schmankerl oder gehobene Gourmetküche – Einheimische und Gäste lassen es sich »walsergutgehen«.

 Sehenswert

Walsermuseum in Triesenberg
| Heimatmuseum |
Das Walsermuseum unweit vom Dorfzentrum südöstlich der Pfarrkirche lässt mit dem Innenraum einer alten Maiensässhütte Geschichte und Brauchtum der im 13. Jh. am Triesenberg angesiedelten Walser wieder lebendig werden. Ausgestellt sind Geräte des dörflichen Handwerks und Gegenstände der Wohnkultur. Im 400 Jahre alten Walserhaus südlich des Friedhofs wird die Wohnkultur des 19. Jh. präsentiert.
■ Walsermuseum: Schlossstr. 5, Tel. 004 23/262 19 26, www.triesenberg.li, Mo–Fr 7.45–12/13.30–17.45, Sa 8–11 Uhr, 4 CHF, Kinder (bis 15 J.) Eintritt frei

 Restaurants

€€€ | **Restaurant Kainer** Knackige Salate, leichte Sommergerichte und herzhaft Gegrilltes werden im Sommer auf der Panoramaterrasse serviert. ■ Landstr. 10, Tel. 004 23/268 39 33, www.kainer.li, Di–So 8.30–23 Uhr

29 Malbun

Idyllischer, familienfreundlicher Winterferienort und Wanderparadies

 Information

■ Tourismus in Malbun, Im Malbun 35, FL-9497 Triesenberg, Tel. 004 23/263 65 77

Mit Falkner Norman Vögeli eine weltweit einzigartige Adler-Wanderung erleben

Malbun liegt nur etwa 15 km von Vaduz entfernt inmitten der Liechtensteiner Alpen. Der Ort ist ein Wander- und Naturparadies, außerdem ist er in der kalten Jahreszeit bei Wintersportfreunden beliebt. Beschneiungsanlagen sorgen notfalls für Schneesicherheit auf den Skipisten, die Abfahrtmöglichkeiten von Übungshängen bis zu anspruchsvollen Strecken bieten. Im »malbi-park« erleben Kinder Schneespaß pur und lernen spielerisch, die Bretter zu beherrschen.

✳ Erlebnisse

Ein Highlight ist die geführte **Adler-Erlebnis-Wanderung** (Dauer 90 Min.) mit Norman Vögeli von der Falknerei Galina. Mit dem Sessellift geht's hinauf auf das Sareis. Von dort darf man in den natürlichen Gefilden während eines Fußmarsches zurück ins Tal die atemberaubenden Flugkünste des gelehrigen Steinadlerweibchens »Taiga« bewundern. Falknerei Galina, Im Malbun 20, Tel. 004 23/265 34 24, www.galina.li, Frühjahr bis Herbst, tgl. (außer Mo) 16 Uhr, Juni nur an Wochenenden, 150 CHF, Begleitperson 50 CHF, Kinder (5–12 J.) 25 CHF, in den Preisen ist die Fahrt mit dem Sessellift nicht inbegriffen

30 Balzers

Malerisches Naturerlebnis und mittelalterliche Burgromantik

ℹ Information

◼ Gemeinde Balzers, Fürstenstr. 50, FL-9496 Balzers, Tel. 004 23/388 05 05, www.balzers.li

Die Gemeinde Balzers am südlichen Zipfel des Fürstentums Liechtenstein hat alles: eine traumhafte Natur, Berge, den Rhein und eine herrliche Reblandschaft. Für Spaziergänger gibt es schönste Wanderwege, für Sportbegeisterte attraktive Biketouren und für Einheimische eine erfolgreiche Wirt-

Pittoreske Burgromantik auf der Burg Gutenberg

schaftsstruktur. Das besondere Highlight von Balzers ist die märchenhaft anmutende Burg Gutenberg. Doch so bilderbuchmäßig war es nicht immer in der Gemeinde. Seit der Besiedlung vor 7000 Jahren war die Gegend aufgrund der Grenzlage am Rhein und des Eingangs zu bedeutenden Alpenpässen immer wieder kriegerischen Auseinandersetzungen ausgesetzt.

 Sehenswert

Burg Gutenberg
| Burg |

(21) *Burgromantik in einer malerischen Bergkulisse*

Die rundum frei stehende Burg Gutenberg steht auf einem 70 Meter hohen Felshügel über dem Rheintal. Im 12. Jh. wurde die Burg als Kirchenbau mit Friedhof konzipiert. Im Laufe der Jahrhunderte verkam sie zur Ruine. Erst von 1905 bis 1912 wurde Burg Gutenberg wieder in einen ordentlichen Zustand versetzt. Nach vielen Jahren in Privatbesitz nahm das Land Liechtenstein 1979 die Burg unter ihre Fittiche. Der Zugang ist nur zu Fuß ab dem Gemeindezentrum und über den Burgweg möglich. Die Burgkapelle und der Rosengarten sind vom 1. Mai bis 31. Oktober sonntags von 10 bis 19 Uhr geöffnet. Im Sommer können die repräsentativen Innenräume an wenigen Tagen im Rahmen von kurzen Führungen besichtigt werden.

 Burgweg 5, Infos Tel. 004 23/388 05 05, www.balzers.li, 5 CHF, Kinder (bis 12 J.) Eintritt frei

ADAC *Wussten Sie schon?*

»Hoi metanand« lautet der typische Gruß der Liechtensteiner, wenn sie unterwegs auf der Straße oder auf Wanderwegen auf mehr als eine Person treffen. Und wussten Sie, dass jeder fünfte künstliche Zahn und jede sechste Tiefkühlpizza aus liechtensteinischer Produktion stammen?

Übernachten

Das Übernachtungsangebot im Fürstentum ist breit gefächert. Ob im Luxus- oder kleinen Mittelklassehotel – die Gäste werden überall mit traditioneller Gastfreundschaft rundum verwöhnt.

Bendern bei Vaduz 90

€€ | **Das b_smart Hotel** In Bendern in der Nähe von Vaduz, stylishes Design, 24-h-Selbstbedienungs-Check-in, Sauna, Fitnesscenter und attraktive Hotelbar. ■ Selemad 12, Tel. 004 23/230 47 47, www.b-smarts.net

Vaduz 90

€€ | **Landhaus am Giessen** Komfortabler und angenehmer Aufenthalt in gemütlicher Atmosphäre. ■ Zollstr. 16, Tel. 004 23/235 00 35, www.giessen.li

€€€ | **Park Hotel Sonnenhof** Das Viersterne-Superiorhotel in traumhafter Lage bietet Weltklasseservice auch im Gourmetrestaurant Marée. Der Panoramablick auf Alpen, Rheintal und Schloss Vaduz ist überwältigend. Zum Wellnessbereich gehören ein Innenpool und eine Sauna. ■ Mareestr. 29, Tel. 004 23/239 02 02, www.sonnenhof.li

€€€ | **Residence Hotel** Attraktive Lage mit Restaurant in der Fußgängerzone direkt unterhalb von Schloss Vaduz, stilvoll ausgestattete Zimmer und Suiten. ■ Städtle 23, Tel. 004 23/239 20 20, www.residence.li

Triesenberg 92

€€ | **Hotel Restaurant Kulm** Erholen über dem Rheintal mit Blick auf Schweizer und Liechtensteiner Berge in Zimmern des traditionellen Walserstils. ■ Schlossstr. 3, Tel. 004 23/237 79 79, www.hotelkulm.li

€€ | **Hotel Garni Säga** Ruhig inmitten eines wunderschönen Gartens und nahe der Skigebiete gelegen, Zimmer mit Balkon und Blick aufs Rheintal. ■ Alte Landstr. 17, Tel. 004 23/392 43 77, www.saega.li

Malbun 92

€ | **Hotel Falknerei Galina** Traditioneller Familienbetrieb mit hauseigener Falknerei. ■ Im Malbun 20, Tel. 004 23/265 34 24, www.galina.li

€€ | **Hotel Turna** Urig familiäre Atmosphäre im Herzen von Malbun mit gepflegtem Restaurant, Sonnenterrasse, Saunalandschaft mit Kneippbecken, Hallenbad und Kinderspielzimmer. ■ Im Malbun 55, Tel. 004 23/265 50 40, www.turna.li

€€–€€€ | **Hotel Gorfion** Das absolut serviceorientierte, familienfreundliche Hotel mit sehr guter Kinderbetreuung. ■ Stubistr. 8, Tel. 004 23/265 90 00, www.gorfion.li

Balzers 93

€€ | **Hotel Hofbalzers** Traditionelle Gastfreundschaft in Hotel und Restaurant im Ortszentrum von Balzers. ■ Höfle 2, Tel. 004 23/388 14 00, www.hofbalzers.li

Ostschweizer Bodensee

Ein grandioser Weitblick über sechs Landesgrenzen, tosende Wasser-massen am Rheinfall und quirliges Stadtleben

Den Einstieg zur Ostschweizer Boden-seeregion erschließt man sich am bes-ten mit Bergsicht vom 2502 m hohen Säntis des Alpsteinmassivs. Ihm zu Fü-ßen erstrecken sich die hügelige Land-schaft der Region St. Gallen-Bodensee und die Kantone Appenzell Inner- und Außerrhoden. In dieser Umgebung der UNESCO-Weltkulturerbe- und Textil-stadt St. Gallen lässt es sich hervorra-gend wandern, radeln und speisen. Die Stadt selbst mit ihrem Stiftsbezirk, den vielen Sehenswürdigkeiten, Shopping- und Einkehrmöglichkeiten ist ein Eldo-rado für Städtereisende und Kulturtou-risten. Zur romantischen »Sternenstadt« wird St. Gallen in der Weihnachtszeit, wenn 700 Sterne über Altstadt und Weihnachtsmarkt funkeln.

Der würzige Appenzeller Chäs schmeckt nirgendwo besser als im traumhaften Wandergebiet des Ap-penzeller Landes, wo man auf der Ebenalp eine große Chance auf Mur-meltierbegegnungen hat. Im Westen des Schweizer Bodenseeufers über-wältigt der Rheinfall bei Neuhausen mit dem tosenden Naturschauspiel des größten Wasserfalls in Europa. Stein am Rhein lockt in seine mittelal-terlich geprägte Altstadt. Auf den Schlössern Arenenberg und Girsberg nehmen wir Einblick in die Geschichte dreier Granden – Napoleon III. und Ferdinand Graf von Zeppelin, und im Heidener Museum begegnen wir Hen-ry Dunant, dem ambitionierten Be-gründer der Internationalen Rotkreuz-und Rothalbmond-Bewegung. Von den Thurgauer Obst- und Almwiesen und dem bezaubernden »Nichts« Er-matingens über Gottlieben mit den leckeren Hüppen bei Kreuzlingen bis hin zur nostalgischen Badhütte im See vor Rorschach – der Ostschweizer Bo-densee ist ein wahres Ferienparadies.

In diesem Kapitel:

ADAC Top Tipps:

 Säntis, Schwägalp
| Aussichtsberg |
Mit der Schwebebahn zum
berauschenden Sechsländer-

 Stiftsbezirk St. Gallen
| UNESCO-Weltkulturerbe |
Die Residenz des Bischofs von
St. Gallen und den Sitz der Kantons-

 Rheinfall bei Neuhausen
| Wasserfall |
Das grandiose Naturschauspiel
des größten Wasserfalls

ADAC Empfehlungen:

 Chäslade im Dorf Appenzell
| Käseladen |
Den würzigsten Käse der Schweiz
in der Bergluft von Appenzell

 **Waldgasthaus Lehmen,
Appenzell**
| Wanderungen |
In der Alpsteinregion unterwegs sein
und dabei den scheuen Murmeltieren

 **Wirtschaft zur alten Post,
St. Gallen**
| Historisches Wirtshaus |
Die berühmte St. Galler Bratwurst

Schloss Arenenberg
| Museum |
Auf den Spuren der napoleonischen

Säntis

 Hoch hinauf zum höchsten Punkt in der Alpsteinregion

i Information

■ Säntis-Schwebebahn, CH-9107 Schwägalp, Tel. 00 41/71/365 65 65, www.saentisbahn.ch
■ Ganzjähriger Betrieb, Berg- und Talfahrt 45 CHF, Kinder (6–16 J.) 22,50 CHF

Der 2502 m hohe Säntis, der höchste Berg der Alpsteinregion, ist ein idealer Ausgangspunkt für ein weitverzweigtes Wanderwegenetz. In zehn Minuten mit der Säntis-Schwebebahn ist der geschäftige Gipfel mit seinen wetterfesten Aussichtsplattformen, Sonnenterrassen, Panoramarestaurants und Shops erreicht. Von dort oben schweift der Blick bei guter Sicht über sechs Länder: die Bündner, Glarner und Berner Alpen der Schweiz, über den Bregenzerwald Österreichs und das Fürstentum Liechtenstein. Bei guter Fernsicht zeigen sich die Berge Italiens, die Vogesen in Frankreich und der Feldberg im Schwarzwald.

● Sehenswert

Alpschaukäserei Schwägalp
| Käserei |
In der Alpschaukäserei Schwägalp schaut man dem Käser über die Schulter und lernt, wie hier die Produkte aus Alpenmilch entstehen, die in seinem Laden zum Kauf angeboten werden.
■ Tgl. Juni–Sept. 9–18.30, Mai + Okt. 10–17, Nov. 11–16 Uhr (bei schönem Wetter), Käserei bei der Talstation Säntis-Schwebebahn, Tel. 00 41/71/364 12 20, www.alpschaukaeserei.ch

Wandern

Im **NaturErlebnispark** Schwägalp/ Säntis vermitteln die fünf Themenwege »Alpwirtschaft«, »Geologie-Steinpark«, »Wald«, »Moor«, »Mensch & Umwelt« die Naturlandschaft, das Leben und die Kultur in den Alpen. Die Wege sind barrierefrei. Hunde dürfen angeleint mitgeführt werden. ■ CH-9107 Schwägalp, Tel. 00 41/71/365 65 65, www. naturerlebnispark.ch, kostenfrei

32 Appenzell

Reich verzierte, farbenfrohe Holzhäuser prägen das Dorfbild

i Information

■ Appenzellerland Tourismus AI, Hauptgasse 4, CH-9050 Appenzell, Tel. 00 41/71/ 788 96 41, www.appenzellerland.ch

Das Dorf Appenzell (1071 erstmals erwähnt) mit seiner reizvollen Haupt-

ADAC *Mittendrin*

Die Sommermonate verbringen die Sennen mit ihrem Vieh auf den Bergweiden im Alpstein. Bis heute ist es ein ganz besonderer Festtag in Appenzell, die Kühe, Ziegen und Schweine ab Ende Mai in einem bunten, langen Marsch bei Geläut und Muhen auf die Alp zu treiben. Wer diese **Alpfahrt** und im September den **Almabtrieb** live miterleben möchte, wenn die Sennen mit den Tieren wieder zurück ins Tal ziehen, erhält Informationen und Termine auf E-Mailanfrage unter info@appenzell.ch

gasse, den bunt bemalten Holzhäusern, der stattlichen Pfarrkirche und dem Landsgemeindeplatz ist der touristische Magnet im Appenzellerland. Hier lassen sich noch traditionell sennisches Brauchtum, Kultur, Handwerk und Geselligkeit hautnah erleben. Unzählige wunderschöne Wanderwege vom einfachen Spazierpfad bis zur anspruchsvollen Bergwanderung führen ins Alpsteingebiet wie z.B. auf den Ausflugsberg Hoher Kasten oder auf die Ebenalp. Urige Wirtshäuser laden zur zünftigen Einkehr und heimeligen Übernachtung ein.

 Sehenswert

Museum Appenzell
| Volkskundemuseum |
Das Museum widmet sich dem ländlichen kulturellen Erbe und gibt Einblicke in Alltägliches wie Wohnen, Handstickerei, Trachten, Bauern- und Möbelmalerei, Brauchtum, Volksfrömmigkeit und befasst sich zudem mit der Tourismusentwicklung im Alpstein. ▪ Hauptgasse 4, Tel. 00 41/71/788 96 31, April–Okt. Mo–Fr 10–12/13.30–17, Sa, So ab 11 Uhr, 7 CHF, Kinder Eintritt frei

 Einkaufen

(22) Der **Chäslade** mitten im Dorf Appenzell lädt ein, die heimischen Käsesorten zu probieren. Es ist zu empfehlen, einen »Appenzeller« vor der Reise zu kosten, um den unvergleichlich intensiven Geschmack des Käses mit seinem speziellen würzigen Aroma am Ursprungsort zu genießen. So gut wie hier wird er daheim niemals mehr schmecken. ▪ Hauptgasse 13, Tel. 00 41/71/787 13 17, www. chaeslade.com

Mit der Schwebebahn auf den Gipfel des Säntis gleiten

 Wandern

(23) Im etwas entfernten idyllisch gelegenen **Waldgasthaus Lehmen** (S. 121) mit seinen im Alpinstil eingerichteten Zimmern und vielen Schweizer Spezialitäten bleibt einem gar nichts anderes übrig, als sich einfach nur wohlzufühlen. Eine mehrstündige Wandertour (mit Fernglas) zur Ebenalp und ihren Murmeltieren, Picknick in grüner Hügellandschaft – bestenfalls unter Beobachtung einer Schar neugieriger Bergziegen – lässt einen Urlaub in Lehmen zu einem unvergesslichen Erlebnis werden. ▪ Triebernstr. 72, CH-9057 Appenzell-Weissbad, Tel. 00 41/71/799 13 48, www. lehmen.ch

33 St. Gallen

Zwischen UNESCO-Welterbe und Bratwurst-Degustation

Die Stiftskirche St. Gallen zählt zu den monumentalen Sakralbauten des Spätbarocks

ℹ Information

■ St. Gallen-Bodensee Tourismus, Bankgasse 9, CH-9001 St. Gallen, Tel. 00 41/71/ 227 37 37, www.st.gallen-bodensee.ch
■ Parken: siehe S. 106

Der Ursprung der Stadt St. Gallen mit dem Klosterbezirk und der monströsen spätbarocken doppeltürmigen Stiftskirche St. Gallus und Otmar lässt sich auf eine Einsiedlerklause des irischen Wandermönchs Gallus (612) zurückführen. Auf seiner Grabstelle gründete Abt Otmar im frühen 8. Jh. ein Kloster. 1983 wurde der daraus im Laufe der Jahrhunderte entstandene Stiftsbezirk zum UNESCO-Weltkulturerbe erklärt. Das historisch geprägte St. Gallen ist das Ostschweizer Wirtschaftszentrum mit Schwerpunkt im Dienstleistungssektor, Textilproduktion und Tourismus. Die innovative und avantgardistische Kulturmetropole brilliert mit großen Opernaufführungen, Operetten, mit Ballett, Musical und Schauspiel. Kunstmuseum und Kunsthalle präsentieren Werke von Weltrang, und das Textilmuseum dokumentiert einen bedeutenden Zweig der Wirtschaftsgeschichte der Stadt. Einkaufsstraßen in St. Gallen sind die Multer- und die Marktgasse mit ihren vielen schmucken Läden, versüßt von den verführerischen Ku-

Plan
S. 105

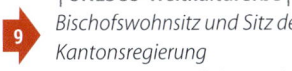

◉ **Sehenswert**

① **Stiftsbezirk St. Gallen**
| UNESCO-Weltkulturerbe |
Bischofswohnsitz und Sitz der
Kantonsregierung

Die von Otmar 719 auf der Grabstelle des Mönchs Gallus gegründete Benediktinerabtei entwickelte sich im Laufe der Jahrhunderte zu einem bedeutenden Klosterkomplex, der zur Zeit der Reformation (1517–1648) ein befestigter Stadtteil war. Mit der Besetzung der Ostschweiz durch französische Truppen infolge der Französischen Revolution wurde das Kloster aufgehoben und 1803 der Kanton St. Gallen gegründet. Kanton und St. Galler Katholiken teilten sich den Abteibesitz. Die Bistumsgründung St. Gallen erfolgte 1847 nach der Abspaltung vom Doppelbistum Chur-St. Gallen. Im Jahr 1983 gelangte St. Gallen zu Weltruhm, weil die UNESCO den gesamten Stiftsbezirk

chen der Confiserie Roggwiler. Jeweils am ersten Samstag im Monat findet auf dem Gallusplatz ein beliebter Flohmarkt statt. Ein idealer Kurztrip also für kauflustige Städte- und wissensdurstige Kulturreisende – doch auch Naturliebhaber kommen in der ländlichen Umgebung St. Gallens mit den herrlichen (Themen-)Wander- und Radwegen in den Genuss erholsamer Ferienerlebnisse. Südlich der Altstadt an den Hängen des Freudenbergs im Naherholungsgebiet »Drei Weieren« bringt es Spaß, in den Seen zu baden, dort im Winter Schlittschuh zu laufen oder im Alpstein mit dem Hundeschlitten die verschneite Landschaft zu erleben.

ADAC *Spartipp*

Die Ostschweizer **Gästekarte OSKAR** gibt es ab zwei Übernachtungen beim Gastgeber in den Kantonen St. Gallen, Thurgau, Appenzell IR/AR, Glarus und Schaffhausen. In der Ostschweizer Gästekarte (ab 16 J. 10 CHF/Kinder ab 6 J. 6 CHF pro Tag) sind der gesamte öffentliche Verkehr, die Bergbahnennutzung und die Eintrittsgelder für Museen inbegriffen (www.oskarferien.ch).

Gallusplatz mit Gallusbrunnen im historischen Zentrum von St. Gallen

zum Weltkulturerbe erklärte. Das üppige Barockensemble samt Kathedrale mit Stiftsbibliothek im Westflügel und der evangelisch-reformierten Kirche St. Laurenzen birgt bedeutende Architektur- und Kunstschätze aus über 1200 Jahren Geschichte der Klosteranlage. Die Kathedrale mit ihrer Doppelturmfassade ist das Wahrzeichen St. Gallens. Der Stiftsbezirk, in dem die Kantonsregierung ihren Sitz hat und auch der Bischof von St. Gallen wohnt, zieht mit seiner Erlebnistiefe jährlich viele Besucher in die Stadt.

Stiftskirche St. Gallen

| Kathedrale |

Die römisch-katholische Stiftskirche St. Gallen wurde 1755 bis 1766 als barocker Monumentalbau vom Vorarlberger Baumeisters Johann Michael Beer von Bildstein mit planerischer Beteiligung von Peter Thumb und Johann Caspar Bagnato errichtet. Die Kirche ist der Neubau der ehemaligen 1755 abgerissenen Klosterkirche und gehört heute zum Bistum St. Gallen, dem sie als Kathedrale dient. Highlights sind die Ostkrypta, wo sich das Grab des Heiligen Gallus befinden soll, sowie die Stiftsbibliothek und das Lapidarium mit historischen Klosterfunden im Westflügel des Konventgebäudes. Der Kirchenraum mit seinen opulenten Malereien, Schnitzereien und Stuckaturen sorgt für eine heitere, verspielte, von Licht durchflutete Atmosphäre.

▪ Klosterhof 6 b, Tel. 00 41/71/227 33 40

❸ Stiftsbibliothek

| Bibliothek |

Die Bibliothek des ehemaligen Benediktinerstifts St. Gallen ist die älteste Bibliothek der Schweiz. Sie beherbergt einen wertvollen Bestand vom 8. Jh. bis heute, das sind 2100 frühmittelalterliche Originalhandschriften, 1650 Wiegendrucke sowie rund 170 000 Bücher. Die Handschriftensammlung dokumentiert die Historie der lateinischen Schrift von der Antike bis zur Renaissance. Der Barocksaal mit überraschendem Rokoko-Interieur ist überwältigend.

▪ Klosterhof 6 d, Tel. 00 41/71/227 34 16, www.stibi.ch, tgl. 10–17 Uhr, 7–12 CHF

❹ Gallusplatz

| Platz |

Am Gallusplatz direkt vor den Klostermauern begann die städtische Siedlung (10. Jh.) durch Handwerker, die nicht dem Kloster angehörten. Mitten auf dem großzügigen Platz der Altstadt erinnert ein Brunnen an den Heiligen Gallus.

Kirche St. Laurenzen

| Kirche |

Der Besuch der dreischiffigen evangelischen Stadtkirche St. Laurenzen (9. Jh.) mit gotischen Pfeilerarkaden und rechteckigem Chor erinnert an die bewegte Zeit der protestantischen Stadt und ihre Rivalität zum katholischen Galluskloster.

■ Marktgasse 25

6 Spieldosenkabinett

| Dauerausstellung |

Das Spieldosenkabinett der Firma Labhart Chronometrie knüpft an die Tradition der ersten Musikspieluhr des Genfer Uhrmachers Antoine Favre von 1796 an. Gezeigt werden Spieldosen z.B. mit tanzenden Figuren und zwitschernden Singvögeln, auch größere Musikautomaten befinden sich in dem wohl kleinsten Museum der Schweiz.

■ Labhart Chronometrie, Marktgasse 23, Tel. 00 41/71/222 50 60, www.chronometrie.ch, Di–Fr 9–18.30, Do bis 20, Sa bis 17 Uhr

ADAC *Wussten Sie schon?*

Pfahlbauten gibt es auch mitten in St. Gallen, denn die Stadt ist im Gebiet der flachen mittelländischen Molasse (Sedimentablagerungen) angesiedelt. Große Teile der Innenstadt, wie auch der Hauptbahnhof und die Hauptpost, liegen auf instabilem Torfboden mit hohem Grundwasseranteil. Um ein Absacken zu verhindern, wurden die Gebäude auf Eichenholzpfählen gebaut.

7 Vadian-Denkmal

| Ehrenmal |

Das monumentale Standbild aus Bronze steht seit 1904 in der Nähe des Marktplatzes Bohl. Es wurde zum Gedenken an Joachim Vadianus (Joachim von Watt, 1484–1551), den Bürgermeister und Reformator der Stadt St. Gallen, errichtet.

■ Neugasse 2

Faszinierende Stiftsbibliothek im Barocksaal des ehemaligen Klosters St. Gallen

Die Stadtlounge »Roter Platz« lädt zum Verweilen ein

8 Tonhalle
| Konzertsaal |

Für die Sinfoniekonzerte und kammermusikalischen Meisterzyklus-Konzerte im großen Jugendstilsaal der Tonhalle werden international renommierte Dirigenten und Solisten verpflichtet. Auf dem Programm stehen auch Kinder- und Familienkonzerte, die dem jungen Publikum die Klassische Musik schmackhaft machen sollen.

■ Museumstr. 25, Tel. 00 41/71/242 06 32, www.st.gallen.ch/tonhalle, Karten Mo–Sa 10–19, So bis 12.30 Uhr

9 Stadttheater
| Theater |

Das Stadttheater im Paillard-Bau des Museumsviertels bringt Oper, Schauspiel, Tanz, Kinder- und Jugendtheater zur Aufführung. Zudem genießt das Theater St. Gallen den Ruf, die wichtigste Musicalbühne der Schweiz zu sein.

■ Museumstr. 24, Tel. 00 41/71/242 06 06, www.theatersg.ch, Karten Mo–Sa 10–19, So bis 12.30 Uhr

10 Kunstmuseum
| Kunstmuseum |

In Dauerausstellungen werden Gemälde und Skulpturen aus der Ostschweiz vom Spätmittelalter bis zur Gegenwart sowie zeitgenössische und moderne Kunst in Wechselausstellungen gezeigt.

■ Museumstr. 32, Tel. 00 41/71/242 06 71, www.kunstmuseumsg.ch, Di–So 10–17, Mi bis 20 Uhr, 6–12 CHF, Kinder (bis 16 J.) Eintritt frei

11 Historisches und Völkerkundemuseum
| Museum |

Kultur- und kunstgeschichtliche, ethnologische und zeitgeschichtliche Exponate aus der Historie St. Gallens sind hier zu sehen. Zeugnisse der Leinwandindustrie und ein großes Stadtmodell der Reichsstadt St. Gallen von 1642 zählen zu den Highlights.

■ Museumstr. 50, Tel. 00 41/71/242 06 42, www.hvmsg.ch, Di–So 10–17 Uhr, 6–12 CHF, Kinder/Jugendl. (bis 18 J.) Eintritt frei

12 Textilmuseum

| **Gewerbemuseum** |

Das Textilmuseum mit Textilbibliothek im »Palazzo Rosso« (1886) in der Altstadt dokumentiert die historische und zeitgenössische Textilproduktion. Gezeigt werden u.a. Textilien, Kostüme, Modefotografien und -zeichnungen, Musterbücher sowie eine Handstickmaschine, die bei der Produktion verwendet wurde. In diesem Museum erlebt man die Blütezeit der St. Galler Stickereiindustrie vor 100 Jahren.

■ Vadianstr. 2, Tel. 00 41/71/228 00 10, www.textilmuseum.ch, tgl. 10–17 Uhr, 5–12 CHF, Kinder/Jugendl. (bis 18 J.) Eintritt frei

13 Stadtlounge »Roter Platz«

| **Kunstensemble** |

Die Schweizer Künstlerin Pipilotti Rist und der Architekt Carlos Martinez haben die avantgardistische und surreal wirkende Stadtlounge »Roter Platz«, ein großes Areal mit rotem Boden im Bleicheli Quartier, im Auftrag des Schweizer Verbands der Raiffeisenbanken und der Stadt St. Gallen gestaltet – ein öffentliches Wohnzimmer mit Sofas, Stühlen, Tischen und Liegen unter freiem Himmel. In der Dunkelheit beleuchten große runde Lichtkörper die Stadtlounge.

■ Raiffeisenpl., Tel. 00 41/71/227 37 37, www.sanktgallen.ch/stadtlounge

14 Kunst Halle

| **Kunstausstellung** |

Hier werden zeitgenössische Werke von Künstlern aus der ganzen Welt ausgestellt. Eine lebendige, Impulse gebende Plattform insbesondere auch für die junge Kunst der Schweiz.

■ Davidstr. 40, Tel. 00 41/71/222 10 14, www.k9000.ch, Di–Fr 12–18, Sa, So 11–17 Uhr, 2–7 CHF, Kinder/Jugendl. (bis 18 J.) Eintritt frei

⑮ Museum im Lagerhaus
| Kunstmuseum |

Der Schwerpunkt des innovativen Museums liegt auf schweizerischer Outsider Art und Art brut – beides Richtungen autodidaktischer und durch innere Seelenzustände mit dem Rücken zur Welt geschaffene Kunstwerke. Diese und die im Museum ebenfalls ausgestellte, eher nach außen gerichtete erzählfreudig-fantasievolle Naive Kunst

Im Blickpunkt

St. Galler Bratwursterbe

Das kulinarische i-Tüpfelchen und Kult ist die berühmte St. Galler Bratwurst, die unterwegs mit Bürli (Brötchen, Semmel, Wecken) und aufgemerkt: ohne Senf (!) aus der Hand gegessen wird. Beim »Gemperli« mitten in der Stadt (Schmiedgasse 34) oder in der Metzgerei Schmid (St. Jakobsstrasse 48) schmeckt sie frisch vom Rost am besten. Auch die Bratwurst hat eine lange Geschichte. Das erste Rezept stammt aus den Richtlinien der Metzgerzunft St. Gallen von 1438.

entstehen, unberührt vom etablierten Kunstbetrieb und gewinnen international zunehmend an Bedeutung.

 Davidstr. 44, Tel. 00 41/71/223 58 57, www.museumimlagerhaus.ch, Di–Fr 14–18, Sa, So, Fei 12–17 Uhr, 9 CHF, Kinder/Jugendl. (bis 18 J.) Eintritt frei

⑯ Lokremise
| Kulturzentrum |

Das ehemalige Lokomotiv-Ringdepot ist heute ein Kulturzentrum für Ausstellungen zeitgenössischer Kunst, Programmkino, avantgardistische Tanz- und Theaterabende sowie für moderne Schweizer und vegetarische Küche.

 Grünbergstr. 7, Tel. 00 41/71/277 82 00, www.lokremise.ch

P Parken

Um die Altstadt herum gibt es Parkhäuser, das Parkleitsystem führt zu freien Plätzen: www.pls-sg.ch

⑪ Restaurants

€€ | **Restaurant Papagei** In einem Degustationsseminar wird hier in die Zubereitung der legendären St. Galler Bratwurst mit ihrem röstbraunen Mantel eingeführt. Hinterlauben 4, Buchungen Tourist-Info: Tel. 00 41/71/227 37 37, www.papagei-sg.ch, 49 CHF, Kinder (6–16 J.) 39 CHF, Plan S. 105 b2

㉔ €€€ | **Wirtschaft zur alten Post**
Das älteste Restaurant St. Gallens, liebevoll »Pöstli« genannt, ist eine kulinarische Perle in historisch-rustikalem Ambiente mitten in der Altstadt. Im Fachwerkhaus des 16. Jh. werden internationale und Schweizer Gerichte serviert, darunter auch die legendäre St. Galler Bratwurst – allerdings in einer Zubereitung de luxe mit Zwiebelsoße

Das »Pöstli« lockt mit feinster internationaler und regionaler Küche

und knusprigen Rösti. Im Sommer genießt man im Straßencafé das trubelige St. Galler Stadttreiben. ■ Gallusstr. 4, Tel. 00 41/71/222 66 01, www.apost.ch, Mo, So geschl., Plan S. 105 b3

 Einkaufen

Im **Gschenklädeli »Swiss Souvenirs«**, im Herzen der Altstadt, findet man ein attraktives Angebot Schweizer und St. Galler Andenken. ■ Schmiedgasse 28, Tel. 00 41/71/222 95 25, www.souvenirs-st-gallen.ch, Plan S. 105 b3

 Kneipen, Bars und Clubs

Im Stadtgebiet von St. Gallen wimmelt es von Kneipen und Bars. Auch Shishabars erfreuen sich großer Beliebtheit. Doch das »Bermudadreieck« zwischen **Engel- und Metzgergasse** gilt als »Epizentrum« des St. Galler Nachtlebens. In 23 Bars und Restaurants herrscht dort Hochbetrieb. ■ www.bermuda3eck.ch, Plan S. 105 b2

 Kinder

Klassische Märchen, Kinder- und Erwachsenenstücke werden im **FigurenTheater St. Gallen** von Puppenspielern auf die Bühne gebracht. ■ Lämmlisbrunnenstr. 34, Tel. 0041/71/222 60 60, www.figurentheater-sg.ch, 17 CHF, Kinder (bis 14 J.) 14 CHF. Die Tageskasse öffnet jeweils eine Stunde vor dem Vorstellungsbeginn, Plan S. 105 b3

 Erlebnisse

Im **Säntispark** vergnügen sich die St. Galler, relaxen und pflegen ihre Gesundheit. Der Freizeit- und Erholungspark bietet acht Wasserrutschbahnen, einen Wildwasser-Canyon, eine Kinderbadewelt, eine Wellnessoase, ein Wellen- und Solebad, einen Saunabereich und ein luxuriöses PrivatSpa. ■ Wiesenbachstr. 9, Tel. 00 41/71/313 15 15, www.saentispark-freizeit.ch, Mo–Fr 9–22, Sa, So ab 8 Uhr, ab 28 CHF, Kinder (6–15 J.) ab 18 CHF

34 Heiden

Von Kopf bis Fuß auf Gesundheit und
Wohlbefinden eingestellt

i Information

■ Tourist-Information, Bahnhof Heiden,
CH-9410 Heiden AR, Tel. 00 41/71/898
33 01, www.heiden.ch

Eine Zahnradbergbahn steuert von
Rorschach aus den Klimakurort Heiden an, dessen erste urkundliche
Nennung aus dem Jahr 1512 datiert.
1838 vernichtete ein verheerender
Großbrand das Dorfinnere. Der soforti-
ge Wiederaufbau erfolgte in der damals zeitgenössischen klassizistischen
Biedermeierarchitektur. Dem Begrün-
der der Internationalen Rotkreuz- und
Rothalbmond-Bewegung ist das Hen-
ry-Dunant-Museum gewidmet. Henry
Dunant lebte bis zu seinem Tod 1910 in
Heiden. Die US-amerikanische Sexu-
altherapeutin mit deutschen Wurzeln,

Ruth Westheimer, wurde als Kind jüdi-
scher Eltern bis Kriegsende 1945 in einem Kinderheim in Heiden vor den
Nationalsozialisten in Sicherheit gebracht. Viele Hotels und Kurhäuser
sind heute mit umfangreichen Well-
nessangeboten und Rehabilitation auf
Gesundheitstourismus ausgerichtet
und knüpfen damit an die berühmte
Tradition Heidens als Molkekurort
(Mitte 19. Jh.) an. Das Mineralheilbad
Unterrechstein und ausgedehnte Spaziergänge wie auf dem Witz- oder Ge-
sundheitswanderweg runden den
Aufenthalt ab.

Sehenswert

Henry-Dunant-Museum
| Museum |
Dem Lebenswerk des Schweizer Ge-
schäftsmanns und ersten Friedens-
nobelpreisträgers (1901) Henry Dunant
(1828–1910), Initiator und Gründer des
Roten Kreuzes, ist dieses Museum gewidmet. Aber auch sein Eintreten für

Ein besonderes Erlebnis ist die Fahrt mit der Dampflok »Rosa«

eine friedliche Welt ohne soziale Not wird thematisiert. Seine Vorstellungen hierzu sind bis heute eine Utopie geblieben.

■ Asylstr. 2, Tel. 00 41/71/891 44 04, www.dunant-museum.ch, April–Okt. Di–Sa 13.15–16.30, So ab 10 Uhr, 7 CHF, Kinder (8–16 J.) 3,50 CHF

 Restaurants

€€€ | **Gasthaus zur Fernsicht** Das mit einem Stern ausgezeichnete »Incantare Gourmetrestaurant« von Küchenchef Tobias Funke bietet feinste Speisen und Weine. ■ Seeallee 10, Tel. 00 41/71/898 40 40, www.fernsicht-heiden.ch, So–Mo geschl.

€€€ | **Hotel Linde** Mit »En Guete!« wünscht das gutbürgerliche, genossenschaftlich geführte Restaurant einen »Guten Appetit!«. ■ Genossenschaft Hotel Linde, Postst. 11, Tel. 00 41/71/898 34 00, www.lindeheiden.ch

 Erlebnisse

Es ist ein besonderes nostalgisches Erlebnis, mit der schnaufenden **Dampflock »Rosa«** jeden 1. Sonntag im Monat von Rorschach im Zahnradmodus an urigen Bauernhäusern vorbei, hinauf ins Biedermeierdorf Heiden zu tuckern. Doch »Rosa« hat einen schweren Kesselschaden erlitten und zu hoffen ist, dass die Dampffahrten ab 2018 wieder stattfinden können. Auf jeden Fall sorgt die um einiges leisere und wohl auch umweltverträglichere elektrische Nostalgielok Nr. 22, Baujahr 1930, sonntags von Mai bis Oktober für Ersatz.

■ Appenzeller Bahnen, Bahnhof Heiden, Tel. 00 41/71/891 18 52, www.appenzellerbahnen.ch

Idyllisch schmiegt sich Rorschachs Hafen an das Ufer

35 Rorschach

Man trifft sich in der historischen Badhütte zu kulturellen Begegnungen

 Information

■ Tourist-Information Rorschach, Hauptstr. 56/Hafenbahnhof, CH-9401 Rorschach, Tel. 00 41/71/841 70 34, www.rorschach.ch

Rorschachs Historie reicht zurück bis in die Zeit der Alemannen, die sich nach dem Sieg über die Römer rund um den Bodensee ansiedelten. Nach dem Erhalt des Markt- und Zollrechts (18. Jh.) entwickelte sich Rorschach zur Hafen- und Handelsstadt. In der heutigen Zeit fährt die Bodenseeschifffahrt Touristen von hier aus zu den Inseln

Lindau und Mainau sowie nach Meersburg und Rheineck. An der Seepromenade von Rorschach liegt die Badhütte (1924), und am Hafen steht der Getreidespeicher, das 1746 von Johann Caspar Bagnato erbaute Kornhaus. Im Kornhaus-Museum befinden sich interessante Exponate zur Stadtgeschichte. Der Jakobsbrunnen in der Neugasse nahe dem Hafen ist ein bekannter Ausgangspunkt für Jakobspilger nach Santiago de Compostela. Sehenswert sind auch der gotische Kreuzgang und der Kapitelsaal von Kloster Mariaberg (1487–1489). Lohnend ist der Besuch von Schloss Wartegg (1558), in dem einst Freunde der Bonapartes logierten. Die Schlossanlage beherbergt heute ein Hotel, ein Restaurant und einen Kulturverein.

 Sehenswert

Museum im Kornhaus
| Erlebnismuseum |
Im interaktiven Kornhaus-Museum erfahren die Besucher viel über Pfahlbauten, Bevölkerung, Industrie, Gewerbe, Handel, über Optik und Illusionen, Schriften und Zeichen und über Mathe-Magie – eine faszinierende Welt, jenseits von Zahlen. Es ist ein Museum zum Mitmachen, Anfassen, Experimentieren und vor allem fürs Lernen mit allen Sinnen und viel Spaß.
■ Hafenpl. 2, Tel. 00 41/71/841 40 62, www.museum-rorschach.ch, April–Ende Okt. tgl. 10–17 Uhr, 11 CHF, Kinder (bis 12 J.) 6 CHF

Badhütte Rorschach
| Erlebnisbad |
Die denkmalgeschützte Badhütte (1924) der Stadt Rorschach ist eine überaus beliebte nostalgische Seebadeanstalt. Doch ihre Bedeutung ist weit mehr als nur ein paradiesisches Badehaus für Wasserratten. Es ist ein angesagter Treffpunkt, an dem die Gäste auch mit Veranstaltungen, Speisen und Kuchen verwöhnt werden.
■ Thurgauerstr., Tel. 00 41/71/841 16 84, www.badhuette.ch, Mai–Juni 9–19, Juli–Sept. 8–20 Uhr, 4 CHF, Kinder (6–16 J.) 2 CHF

 Verkehrsmittel

Ab Rorschach-Hbf. fahren Züge nach Heiden, jeden 1. So im Monat (Mai–Okt.) stehen historische Zugfahrten auf dem Fahrplan (www.appenzellerbahnen.ch).

 Parken

Informationen zu Parkmöglichkeiten in Rorschach unter www.rorschach.ch/stadt/car

 Restaurants

€€–€€€ | **Café Restaurant Mozart** Hier gibt's leckere süße und salzige österreichische Spezialitäten. ■ Hafenzentrum, Tel. 00 41/71/844 47 47, www.mozart-rorschach.ch

 Events

Beim Rorschacher **Sandskulpturen Festival** am Bodenseeufer erschaffen Künstler aus aller Welt während einer Woche im August zu einem bestimmten Thema plastische Kunstwerke aus Sand, die bis Mitte September bewundert werden können. Die beste Skulptur wird am Ende von einer Fachjury ausgezeichnet. ■ Sandskulpturen Festival Verein Pablo, Tel. 00 41/79/634 49 32, www.sandskulpturen.ch, 5 CHF, Kinder (bis 12 J.) Eintritt frei

Wandern

Auf eine **witzige Rundreise** geht's mit Schiff und Bahn vom Rorschacher Hafen nach Rheineck am Alten Rhein und weiter per Zug nach Walzenhausen zur Wanderung mit traumhafter Aussicht auf dem Witzweg nach Heiden. Der Rückweg nach Rorschach erfolgt wieder per Schiene.

■ www.appenzellerbahnen.ch, www.appenzellerland.ch/de/witzweg

 In der Umgebung

Markthalle Altenrhein
| Hundertwasserbau |
Architektur des Künstlers Friedensreich Hundertwasser in R(h)einkultur: ein Feuerwerk aus Farben mit golden strahlenden Zwiebeltürmen, keine gerade Linie, kein Fenster gleicht dem anderen, schiefe Böden, bunte Keramiksäulen und Dachflächen als Biotop.
■ Knotternstr. 2, CH-9422 Staad SG, Tel. 00 41/71/855 81 85, www.markthalle-altenrhein.ch, April–Juni tgl. 13.30–17.30, Juli–Ende Okt. 10–17.30 Uhr, 5 CHF, Kinder (bis 16 J.) Eintritt frei

36 Arbon

Altstadt mit verwinkelten Gassen in mittelalterlichem Ambiente

i **Information**

■ Arbon Tourismus, Schmiedgasse 5, CH-9320 Arbon, Tel. 00 41/71/440 13 80, www.arbontourismus.ch

In die Zeit des Mittelalters versetzt fühlt man sich beim Besuch der verwinkelten Altstadt, in der das Arboner Schloss – Wahrzeichen der Stadt –

Typisch für Arbon ist das mittelalterliche Fachwerk

steht. Davor laden eine lange Seepromenade mit Parkanlagen, eines der ältesten Strandbäder der Schweiz und ausgedehnte Wander- und Spazierwege in lieblicher Landschaft zum Verweilen ein. Zahlreiche Kulturevents und Märkte sorgen für abwechslungsreiche Unterhaltung im ehemaligen »Arbor Felix« (dt. »glücklicher Baum«), wie Arbon zur Römerzeit hieß.

 Sehenswert

Saurer Museum
| Firmenmuseum |
Das Privatmuseum erinnert an die Firma Saurer, die in Arbon Lastwagen, Omnibusse, Militärfahrzeuge und Textilmaschinen produzierte. Ausgestellt werden neben Nutzfahrzeugen, Post-

und Feuerwehrautos, Benzin- und Die-
selmotoren auch eine »Chlüpperli-
maschine« (1860), eine Stickmaschine
der Marke Saurer.

■ Weitegasse 8, Tel. 00 41/71/440 13 80,
www.saurermuseum.ch, tgl. 10–18 Uhr,
8 CHF, Kinder (bis 16 J.) Eintritt frei

Historisches Museum

| Regionalhistorisches Museum |
Das Museum im Schloss Arbon präsentiert eine lebendig dokumentierte
Zeitreise durch die über 5000-jährige
Siedlungsgeschichte am Bodensee
durch Jungsteinzeit, Bronze-, Römerzeit und Mittelalter bis hin zum Lein-
wandhandel im 18. Jh. und zur Zeit der
Industrialisierung im 19. und 20. Jh.

■ Schloss 4, Tel. 00 41/71/446 60 10, www.
museum-arbon.ch, Mitte Juni–Sept. tgl.
14–17 Uhr, 6 CHF, Kinder (bis 16 J.) gratis

P Parken

Parkplätze an der Schloss- und Wasser-
gasse und Promenadenstraße.

Restaurants

€€–€€€ | **Restaurant Brauerei Hotel
Frohsinn** Im Fachwerkhaus und unter
Kastanienbäumen schmecken gutbür-
gerliche, ländliche Küche und frisch
gebrautes Bier. ■ Romanshornerstr. 15,
Tel. 00 41/71/447 8484, www.frohsinn-
arbon.ch, So geschl.

37 Romanshorn

*Hafenstadt mit Herz für Wassersport,
Eislaufen und Lokomotiven*

i Information

■ Tourist-Information, Im Bahnhof SBB,
CH-8590 Romanshorn, Tel. 00 41/58/346
84 84, www.tourismus-romanshorn.ch

Romanshorn ist keine römische Gründung, wie man meinen könnte, sondern geht urkundlich (779 als »Ruma-
nishorn«) auf die Besiedlung der
Alemannen zurück. Mit dem Bau der

Formel-1-Herzen schlagen höher in der autobau Erlebniswelt

Eisenbahnlinie und des Hafens (Mitte 19. Jh.) entwickelte sich das einstige Fischerdorf rasch zum Handels- und Verkehrsknotenpunkt für Bahn- und Schifffahrt sowie zum Tourismusort. Die Autofähre Romanshorn–Friedrichshafen (1929) verbindet die Schweiz mit Deutschland. Heute ist Romanshorn ein moderner Industriestandort zur Herstellung von Kunststoff, Maschinen, Chemie- und Pharmaprodukten. Die attraktive Lage am Bodensee schafft da z.B. mit Wasserski- und Motorbootfahren, Rudern, Segeln, einer modernen Eissporthalle und einem herrlichen Seebad mit einem Feld für Beachvolleyball ein ausgleichendes, sportlich wertvolles Freizeitangebot. In der Umgebung lässt es sich auf zauberhaften Wegen wandern und radeln, und auch eine ansprechende Hotellerie und Gastronomie sind in Romanshorn zu finden.

 Sehenswert

autobau Erlebniswelt
| Automobilsammlung |

Die autobau Erlebniswelt im ehemaligen Tanklager ist Treffpunkt für Autofans. Hier befindet sich die private Sammlung von über 120 Sport- und Rennwagen des ehemaligen Rennfahrers Fredy Lienhard. An zwei Tagen in der Woche kann die Ausstellung besichtigt werden.

■ Egnacherweg 7, Tel. 00 41/71/466 00 66, www.autobau.ch, Mi 16–20, So 10–17 Uhr, Erw. inkl. 1 Kind 15 CHF

Locorama
| Eisenbahn-Erlebniswelt |

Im Locorama begeistern gigantische Lokomotiven und antike Waggons in der ehemaligen SBB-Lokremise in Romanshorn. Hier stehen als beste Stücke die Tender-Dampflokomotive Ec 3/5 (1912), die bayerische Schnellzug-Dampflok S 3/6 und die Elektroloks Ae 6/6 und Ae 4/7.

■ Alte SBB-Lokremise, Egnacherweg 1, Tel. 00 41/71/460 24 27, www.locorama.ch, Mai–Ende Okt. So 10–17 Uhr, 6 CHF, Kinder (6–16 J.) 3 CHF

Museum am Hafen
| Stadtmuseum |

Im Dachgeschoss des alten Zollhauses am Hafen kann man sich über den Zeitraum von 1800 bis in die Gegenwart zur Entwicklung Romanshorns als wichtigem Verkehrsknotenpunkt in der Region informieren.

■ Hafenstr. 31, Tel. 00 41/71/463 44 25, www.museumromanshorn.ch, So 14–17 Uhr, Eintritt frei

 Restaurants

€–€€ | **Restaurant Hafen** Direkt am Wasser gelegen, mit bodenständiger Schweizer Küche. ■ Friedrichshafnerstr. 55 a, Tel. 00 41/71/466 78 48, www.restauranthafen.ch

 Erlebnisse

Das Angebot der **Schweizerischen Bodensee Schifffahrt** ist vielfältig, vergnüglich und erholsam. An Bord kann man F(f)este feiern, heiraten, brunchen, schlemmen oder sich auf den Kursschiffen einfach nur die frische Seeluft um die Nase wehen lassen. Die Kursschiffe fahren von April bis Oktober über den weiten Bodensee und steuern viele Ausflugsziele an.

■ SBS Schifffahrt AG, Friedrichshafnerstr. 55, Tel. 00 41/71/466 78 88, www.sbsag.ch, www.bodenseeschiffe.ch

Sport

Im **Eissportzentrum EZO** kann man Hockeyturnieren zusehen oder selbst Schlittschuh laufen. Schlittschuhe können ausgeliehen werden. ■ Egnacherweg 8, Tel. 00 41/71/466 75 00, Termine öffentlicher Eislauf unter www.ezo-tg.ch, 5 CHF, Kinder (bis 10 J.) 3 CHF, Jugendl. (bis 16 J.) 4 CHF, Schlittschuhmiete 5 CHF

38 Kreuzlingen

Hier haben sich einst Napoleon III. und Ferdinand Graf von Zeppelin erholt

 Information

■ Kreuzlingen Tourismus, Hauptstr. 39, CH-8280 Kreuzlingen, Tel. 00 41/71/672 38 40, www.kreuzlingen-tourismus.ch

Kreuzlingen, die größte Stadt am Schweizer Bodenseeufer, entstand 1928 durch Gebietszusammenlegung. Der Name geht zurück auf das Augustinerstift »cruzelin« von 1125. Interessante Museen und ganz besonders die Sternwarte und das Planetarium lohnen den Besuch. Die Seeuferanlage sowie die Umgebung von Kreuzlingen laden zu vielen Freizeitvergnügen ein.

 Sehenswert

Seemuseum

| Schifffahrts- und Fischereimuseum |
Das Seemuseum im ehemaligen Kornhaus der Augustiner (1680) dokumentiert die eindrucksvolle Geschichte der Fischerei und der Bodenseeschifffahrt. Es liegt im reizvollen Seeburg-Park, in dem nicht weit entfernt auch das Schloss Seeburg (1598) zu finden ist.

■ Stiftung Seemuseum, Seeweg 3, Tel. 00 41/71/688 52 42, www.seemuseum.ch, Okt.–Juni Mi, Sa, So 14–17, Juli–Sept. Di–So 11–17 Uhr, 8 CHF, Kinder 5 CHF

Feuerwehrmuseum

| Museum |
Im »alten Feuerwehrdepot« beim Rathaus ist eine attraktive Sammlung von Feuerwehrutensilien aus dem 19. und 20. Jh. ausgestellt. Zu sehen sind trag- und fahrbare Hand- und Motorspritzen sowie Pumpen.

■ Löwenstr. 7, Tel. 00 41/71/677 63 70, www.kreuzlingen.ch, Mai–Okt. jeden 1. So/Monat 14–16 Uhr, Eintritt frei

Planetarium – Sternwarte

| Planetarium |
Sind wir allein im Weltall? Was ist mit der dunklen Materie? Was mit den schwarzen Löchern? Das erste Planetarium am Bodensee vermittelt mit beeindruckenden Vorführungen und Vorträgen kompaktes Wissen über das Universum. Für Himmelsgucker öffnet die Sternwarte mittwochabends um 19 Uhr ihre Tore.

■ Breitenrainstr. 21, Tel. 00 41/71/677 38 00, www.planetarium-kreuzlingen.ch, 12 CHF, Kinder (6–10 J.) 6 CHF

Gefällt Ihnen das?

Wenn Sie sich für Ferdinand Graf von Zeppelin interessieren, dann sollten Sie dem **Zeppelin Museum und Zeppelin Denkmal** (S. 54) in Friedrichshafen einen Besuch abstatten. Sehenswert ist auch das **Steigenberger Inselhotel** (S. 22) auf der Dominikanerinsel in Konstanz, wo er am 8. Juli 1838 geboren wurde.

Fischfang vergangener Zeiten im Seemuseum Kreuzlingen

Schloss Girsberg
| Privatausstellung |

Ferdinand Adolf August Heinrich von Zeppelin wurde 1838 im heutigen Konstanzer Inselhotel geboren. Die Jugendjahre verbrachte er mit seinen Geschwistern auf Schloss Girsberg im Kreuzlinger Ortsteil Emmishofen. 1870 war Graf Zeppelin der alleinige Besitzer von Girsberg und verbrachte hier die Sommermonate. Das Schloss ist heute im Privatbesitz der mit Zeppelins Erben befreundeten Familie Schmid-Andrist. In der »Kulturscheune« des Schlosses wurde zum Gedenken ein Zeppelinzimmer mit originalen Möbeln und Exponaten aus dem Familienbesitz eingerichtet. Ein Puppenmuseum mit Spielzeug und Spielzeugautomaten ist hier ebenfalls untergebracht. Nur die Kulturscheune kann besichtigt werden.

◼ Girsberg 390, Tel. 00 41/71/672 46 55, www.schloss-girsberg.ch, jeden 1. So/Monat 15–17 Uhr, 4 CHF, Kinder Eintritt frei

 Parken

Parken mit Parktickets in CHF und Euro auf dem Open-Air-Parkplatz neben dem Kursschiffhafen an der Seestrasse in Kreuzlingen. Im Stadtzentrum zahlreiche Gratis-Kurzzeit-Parkplätze in blauen Zonen mit Parkkarten, die bei Kreuzlingen Tourismus erhältlich sind.

 Restaurants

€€€ | **Schloss Seeburg** Restaurant mit gehobener Speisekarte und schöner Seeterrasse. ◼ Seeweg 5, Tel. 00 41/71/688 40 40, www.schloss-seeburg.ch

 In der Umgebung

Am Seerhein, in der Nachbarschaft Kreuzlingens, liegt das liebliche Gottlieben, das einen berühmten süßen Schatz anzubieten hat: die **Gottlieber Hüppen**, ein rundes, zartes und mit Creme gefülltes Waffelgebäck. Aber nicht nur das, auch nette Hotels, Ein-

115

kehrmöglichkeiten, Fachwerkhäuser und das Bodman-Literaturhaus zum Andenken an den Schriftsteller Emanuel von Bodman locken viele Reisende an. Zudem wird der Ort von der Weißen Flotte angesteuert.

■ Gemeinde Gottlieben, Tel. 00 41/71/ 669 12 82, www.gottlieben.ch

39 Ermatingen

Entspannen, erholen und genießen stehen hier an erster Stelle

 Information

■ Tourist-Information, Bahnhof, CH-8272 Ermatingen, Tel. 00 41/71/664 19 09, www.ermatingen-tourismus.ch

Das malerische Fischerdorf Ermatingen besitzt den wohl luxuriösesten Reiz, den ein Ferienort zu bieten hat: Ruhe, Stille, Sonnenuntergänge, Rad- und Wanderwege in intakter Natur. Ermatingen ist ein bekanntes Wein-

baugebiet. An den sanften Hängen wächst der Müller-Thurgau. Das Vinorama Museum Ermatingen bietet mit einem beschilderten Wanderweg Informationen zur Geschichte des Rebanbaus am Untersee. Schloss Wolfsberg Ermatingen hat im Schlossgarten mit seinen weiten Rasenflächen und alten Bäumen Skulpturen von Henry Moore und George Richey aufgestellt. Das Anwesen gehört der UBS AG und bietet attraktive und öffentlich zugängliche Kunst- und Kulturveranstaltungen. Ermatingen, »Erfmotinga«, datiert 724 erstmals in der Schenkungsurkunde des Dorfs an das Kloster Reichenau. In früheren Zeiten ging es hier deutlich aufregender zu, wie ein Blick in die Geschichte verrät.

 Restaurants

€€–€€€ | **Restaurant Adler** Gemütliches historisches Landgasthaus (16. Jh.). ■ Fruthwilerstr. 2, Tel. 00 41/71/664 11 33, www.adler-ermatingen.ch, Mo/Di geschl.

Das kleine Ermatingen liegt in der Landschaft des Untersees reizvoll eingebettet

Schloss Arenenberg

 Auf den Spuren der napoleonischen Geschichte wandeln

i Information

■ Napoleonmuseum Thurgau,
Schloss und Park Arenenberg, CH-8268
Salenstein, Tel. 00 41/58/345 74 10,
www.napoleonmuseum.tg.ch

Zwischen Ermatingen, Mannenbach
und Salenstein liegt Schloss Arenenberg (15. Jh.). Die holländische Königin
Hortense de Beauharnais, Stieftochter
Napoleons I., wählte es 1817 als Exilsitz.
Sie gestaltete Arenenberg nach franzö-
sischem Vorbild um. Nach ihrem Tod
1837 verkaufte der jüngste Sohn Louis
Napoleon das Schloss, als Kaiser
Napoleon III. erwarb er es 1855 wieder
zurück. Seit 1906 ist Schloss Arenenberg im Besitz des Kantons Thurgau.
Das darin eingerichtete »Napoleonmuseum Thurgau, Schloss und Park Arenenberg« ist Kaiser Napoleon III. gewidmet. Es präsentiert elegante Salons
und Gemächer. Wunderschön gestaltete Parks und Gärten umgeben das
Gebäude, in dem auch ein Bistro, ein
Hotel, Tagungsräume und ein Festsaal
untergebracht sind.
■ Tgl. 10–17 Uhr, Winter Mo geschl.,
12 CHF, Kinder (6–16 J.) 5 CHF

ADAC *Wussten Sie schon?*

Hortensien sind ein beliebter Gar-
tenschmuck. Die prächtigen Blüten sind aber nicht, wie allgemein
angenommen, nach der holländi-
schen Königin Hortense benannt.

*Nostalgische Kutschfahrt zum
Schloss Arenenberg*

41 Steckborn

*Die Stadtgeschichte reicht bis ins
Frühmittelalter zurück*

i Information

■ Steckborn Tourismus, Seestr. 123,
CH-8266 Steckborn, Tel. 00 41/52/761 10 55,
www.steckborntourismus.ch

Die idyllische frühmittelalterlich geprägte Stadt Steckborn (1313) mit ihren
Wirts- und Fachwerkhäusern, dem
Turmhof (14. Jh.) mit Heimatmuseum,
dem Wacht- und Pulverturm und dem
Alten Schloss (1451) blickt weit zurück
in die Historie. Mauerreste der Stadtkirche lassen sogar auf das 9. Jh. schließen. Heute ist Steckborn ein beliebter
Ferienort am Schweizer Unterseeufer.

42 Stein am Rhein

Prächtig bemalte Hausfassaden prägen das historische Stadtbild

Information

■ Tourismus Stein am Rhein, Oberstadt 3, CH-8260 Stein am Rhein, Tel. 00 41/52/632 40 32, www.tourismus.steinamrhein.ch

Das Mittelalterjuwel Stein am Rhein (urkundliche Erwähnung 1297) brilliert mit seinen vielen reich bemalten Fassaden, Erkern und lauschigen Winkeln in den Gassen und am Rathausplatz sowie mit Events und heiterer Geselligkeit. Das ehemalige Benediktinerklosters Sankt Georgen (ab 1007) präsentiert kunsthistorische Schätze wie Täfelungen, Schnitzwerk und Wandmalereien. Das Museum Lindwurm versetzt in die Welt um 1850 und stellt das Wohnen der Bürger und die Arbeit in der Landwirtschaft dar.

Sehenswert

Burg Hohenklingen

| Burg |

Das Wahrzeichen der Stadt (ca. 11. Jh.) thront hoch über Stein am Rhein. Von hier weitet sich der Blick auf Schweizer Alpen, Schwarzwald, Hegau und über die Rhein- und Seenlandschaft. Die Burg befindet sich im Privatbesitz. Bergfried, Innenhof und Laube können aber frei besichtigt werden. Eine kleine Kapelle und das Burgrestaurant laden nach dem Aufstieg (1–2 Std.) von der Altstadt zur Einkehr und zu feinen Genüssen ein.

■ Restaurant Burg Hohenklingen, Tel. 00 41/52/741 21 37, www.burghohenklingen.com, Mo geschl.

Parken

Größter Parkplatz Hemishoferstrasse, Lageplan unter www.tourismus.steinamrhein.ch, von 10–18 Uhr gebührenpflichtig, 1–4 Std./1,50 CHF, Tag/9 CHF.

Restaurants

€ | **Weinstube zum Rothen Ochsen** Urige Altschweizer Weinstube. Spezialität ist hausgemachte Rösti mit Kalbsleber oder Spiegeleiern. ■ Rathauspl. 9, Tel. 00 41/52/741 23 28, www.weinstube-rotherochsen.ch, Mo geschl.

Erlebnisse

In der Erlebnis-Käserei und in der Käse-Keller-Degustation **Chäs Paradies** von Chäs Graf dreht sich alles um Herstellung, Lagerung, Zubereitung und Genuss des Schweizer Käses.

■ Rathauspl. 23, Tel. 00 41/52/741 22 61, www.chaes-graf.ch, ab 23 CHF

In der Umgebung

Insel Werd

| Insel |

Ein Spaziergang am Rheinufer entlang (gute 30 Min.) führt von Stein am Rhein zur Insel Werd. Erste Spuren der kleinen idyllischen Flussinsel datieren in der Zeit der bronzezeitlichen Pfahlbauer. Auch die Römer siedelten hier. Die besuchenswerte Kapelle (10. Jh.) erinnert an Abt St. Otmar des Klosters St. Gallen, der 759 hierher als politischer Gefangener verbannt und hier verbrannt wurde. Ein Holzsteg führt auf die Insel. Die Wallfahrtsstätte ist kostenfrei zugänglich.

■ Haus St. Otmar, Im Werd, CH-8264 Eschenz, Tel. 00 41/52/741 26 62

Diessenhofen

Mittelalterliches Flair im »Städtli am Rhy« zum Seele-baumeln-Lassen

ℹ Information

■ Tourismus Region Diessenhofen, Rodenbergstr. 6, CH-8253 Diessenhofen, Tel. 00 41/52/657 29 86, www.diessenhofen.ch

Beschaulich liegt die historische Altstadt (1178) mit ihren engen Gassen und Häusern an der malerischen Flusslandschaft des »Rhy« (Rhein). Wahrzeichen Diessenhofens ist der Siegelturm. Die barocke Klosterkirche St. Katharinental (1734) wurde von Johann Michael Beer erbaut.

Restaurants

€€–€€€ | **Gasthaus Schupfen** Saisonale Speisen im Fachwerkhaus (1455) oder auf der Terrasse. ■ Steinerstr. 501, Tel. 00 41/52/657 10 42, www.schupfen.ch

Rheinfall bei Neuhausen

 Wasser, so weit das Auge reicht, am größten Wasserfall Europas

ℹ Information

■ Info Shop Rheinfall, Rheinfallquai/Nähe Schlössli Wörth, CH-8212 Neuhausen am Rheinfall, Tel. 00 41/52/632 40 20, www.rheinfall.ch
■ Rheinfallstr., CH-8447 Dachsen, Tel. 00 41/52/659 67 67, www.schlosslaufen.ch, Juni–Aug. tgl. 8–19 Uhr, 5 CHF, Kinder (6–15 J.) 3 CHF

Welch ein grandioses, nicht enden wollendes Schauspiel bietet uns »Vater Rhein« : Als Alpenrhein fließt er aus der Schweiz in den Bodensee, wird im Konstanzer Trichter für einen kurzen Abschnitt zum Seerhein, durchläuft den Untersee, bahnt sich den Weg als Hochrhein weiter Richtung Stein am Rhein, um sich dann in einer Schleife bei

Die tosenden Wassermassen von »Vater Rhein« strozen nur so vor Kraft

Neuhausen seit etwa 15 000 Jahren als Rheinfall 23 Meter in die Tiefe zu stürzen Das Spektakel mit schäumender Gischt, Donnern und Grollen lässt sich ganzjährig hautnah erleben. Am nördlichen Ufer beim Schlössli Wörth kostenfrei, am südlichen Ufer von Schloss Laufen gegen Gebühr fürs Schloss mit Historama, Panoramaweg und Aussichtsplattform über dem Wasser.

 Parken

Parken beim »Schlössli Wörth«, 1 Std./ 5 CHF, jede weitere Std./2 CHF, Parken im Ort von Schloss Laufen gebührenfrei.

 Restaurants

€€€ | **Schlössli Wörth** Panoramarestaurant am Rheinfall mit gehobener Küche. ■ Rheinfallquai 30, Tel. 00 41/52/672 24 21, www.schloessliwoerth.ch, Tischbestellung erforderlich

 Erlebnisse

Umgeben von tosenden Wassermassen führt eine **Felsenfahrt** auf Aussichtsbooten ab der Schiffsanlegestelle »Schlössli Wörth« zum mittleren Rheinfelsen, der auch bestiegen werden kann. ■ Tickets dort oder online unter www.rhyfall-maendli.ch, ab 7 CHF, Kinder ab 4 CHF

 Wandern

Der **Kleine Rheinfall Rundweg** (1 Std.) startet am Bahnhof Dachsen. Er führt über Schloss Laufen zum Rheinfall, weiter nach Nohl und von dort wieder zurück zum Ausgangspunkt.

Spektakulär ist der Blick von der Panoramaterrasse Schlössli Wörth

Übernachten

Das Angebot von Unterkünften in der Ostschweiz ist breit gefächert und innovativ. Es reicht von Ferienwohnungen, Jugendherbergen, Pilgerreisestätten, Urlaub auf dem Bauernhof, Thurgauer Himmelbetten in Bubble-Hotels an wechselnden Standorten (www.himmelbett.cloud) und romantischen Jurten bei Romanshorn bis zu luxuriösen Hotels.

Säntis-Schwägalp 98

€€€ | **Säntis – das Hotel** Eingebettet in schönster Bergkulisse auf der Schwägalp übernachten. ■ Säntis-Schwebebahn AG, Tel. 00 41/71/365 66 00, www.saentisbahn.ch

Appenzell 98

€€ | **Hotel Freudenberg** Ruhig gelegenes Hotel mit Aussicht auf Appenzell. ■ Riedstr. 57, Tel. 00 41/71/787 12 40, www.hotel-freudenberg.ch
€€ | **Traube** Nettes Hotel Garni mitten im Dorfkern von Appenzell. ■ Marktgasse 7, Tel. 00 41/71/787 14 07, www.hotel-traube.ch
€€ | **Waldgasthaus Lehmen** Gemütliches Haus etwas außerhalb von Appenzell mit herzhaften Schweizer Speisen im Restaurant. ■ Triebernstr. 72, CH–9057 Weissbad, Appenzell, Tel. 00 41/71/799 13 48, www.lehmen.ch

St. Gallen 100

€€€ | **Einstein** Elegantes Stadthotel. ■ Berneggstr. 2, Tel. 00 41/71/227 55 55, www.einstein.ch
€€€ | **Vadian** Hotel garni im Herzen der Altstadt mit modern eingerichteten Zimmern. ■ Gallusstr. 36, Tel. 00 41/71/228 18 78, www.hotel-vadian.com

Heiden 108

€ | **Hotel Park Heiden** Einfach, aber zentral. ■ Seeallee 5, Tel. 00 41/71/891 11 21, www.hotelpark-heiden.ch
€€€ | **Hotel Heiden** Traumhafter Seeblick und Panoramahallenbad. ■ Seeallee 8, Tel. 00 41/71/898 15 15, www.hotelheiden.ch

Rorschach 109

€€€ | **Bad Horn** Elegantes Hotel mit Seeterrasse, 2 km westlich von Rorschach. ■ Seestr. 36, CH-9326 Horn, Tel. 00 41/71/844 51 51, www.badhorn.ch

Arbon 111

€ | **Bedhub-Swisslodge** Einfache, aber gemütliche Unterkunft mit Etagendusche/WC, ohne Frühstücksangebot. ■ Schäfligasse 4, Tel. 00 41/71/440 38 93, www.bedhub.ch

Romanshorn 112

€ | **Gasthaus Neuhaus** Einfaches, freundliches Hotel, Wasserskiausflüge werden angeboten. ■ Arbonerstr. 66, Tel. 00 41/71/463 13 28, www.rest-neuhaus.ch
€ | **UNIKAAT.ch am SEE** Jurten mit Doppelbett, Holzofen, Kommode und

Tischli ausgestattet. ■ Seewiesen 1, CH-8599 Salmsach TG, Tel. 00 41/71/411 04 40, www.unikaat.ch

Kreuzlingen 114

€€ | **Hotel Kreuzlingen am Hafen** Nur fünf Gehminuten von Konstanz entfernt. ■ Seestr. 50, Tel. 00 41/71/677 88 99, www.hotel-kreuzlingen.ch

€€ | **JUCKERs** Modernes Boutiquehotel in einem Haus von 1641. ■ Hauptstr. 96, CH-8274 Tägerwilen/Kreuzlingen, Tel. 00 41/71/669 11 68, www.juckers-hotel.com

Ermatingen 116

€€€ | **Hotel Adler** Eines der ältesten Gasthäuser im Kanton Thurgau (16. Jh.). ■ Fruthwilerstr. 2, Tel. 00 41/71/664 11 33, www.adler-ermatingen.ch

Schloss Arenenberg 117

€€€ | **Seehotel Schiff** Direkt am Ufer. mit schönem Garten. ■ Seestr. 4, CH-8268 Mannenbach, Tel. 00 41/71/663 41 41, www.seehotel.ch

Steckborn 117

€€€ | **Seerestaurant & Hotel Frohsinn** Mit Seeterrasse und Steg für Gästeboote. ■ Seestr. 62, Tel. 00 41/52/761 11 61, www.frohsinn-steckborn.ch

€€ | **See & Park Hotel Feldbach** Fachwerkhaus, Garten. ■ Im Feldbach 10, Tel. 00 41/52/762 21 21, www.hotel-feldbach.ch

Stein am Rhein 118

€€€ | **Rheinfels** Hotelrestaurant im Zoll- und Zunfthaus. ■ Rhigass 8, Tel. 00 41/52/741 21 44, www.rheinfels.ch

Diessenhofen 119

€€€ | **Hotel Krone** Am Rheinufer neben der historischen Holzbrücke. ■ Rheinstr. 2, Tel. 00 41/52/657 30 70, www.krone-diessenhofen.ch

Neuhausen am Rheinfall 119

€€ | **Hotel Rheinfall** Einfach, nahe am Rheinfall. ■ Zentralstr. 60, Tel. 00 41/52/672 88 22, www.hotel-rheinfall.ch

ADAC *Das besondere Hotel*

Hotel Wunderbar »Traumröhren«
Übernachten wie Diogenes in der Tonne in Arbon neben dem Schwimmbad. Die Traumröhren sind ein witziger und aufregender Kuschelort mit komfortablen Matratzen. Ein Fenster lässt Frischluft rein, und durch eine kleine Luke am Kopfende blickt man in den Hotelgarten. Ein Bad befindet sich auf dem Flur des Hotels.
€€ | Weitegasse 8, CH-9320 Arbon, Tel. 00 41/71/440 05 05, www.hotelwunderbar.ch

meersburg
am bodensee

HERZLICH WILLKOMMEN!

Meersburg
entdecken

Erleben Sie Kultur für alle Sinne, entdecken
Sie reiche Geschichte und genießen Sie mit
Leib und Seele. Besonders reizvoll sind die
Meersburger Wander- und Radwege durch
Stadtgeschichte und Kulturlandschaft mit
einzigartigen Weitblicken auf den See.
Auf bald in Meersburg – wir freuen uns.

Abteilung Tourismus und Veranstaltungen
Tel. +49 7532 440400 und +49 7532 19433
info@meersburg.de | www.meersburg.de

KULTUR | **GESCHICHTE** | **GENUSS** | **FREIZEIT**

Beim **ADAC Infoservice**, in den **ADAC Geschäftsstellen** sowie auf dem **Internetportal des ADAC** (www.adac.de) erhalten Sie Informationen zu den Dienstleistungen des Automobilclubs und zu Ihrem Reiseziel. Als **ADAC Mitglied** können Sie zudem das kostenlose **ADAC TourSet® Bodensee** mit vielen Reiseinfos und Karten anfordern oder die **TourSet App** auf dem **Smartphone** oder **Tablet-PC** installieren (www.adac.de/toursetapp).

Rufen Sie bei Notfällen und Pannen den **ADAC Notruf** bzw. den **ADAC Auslandsnotruf** an. Unser Team steht Ihnen rund um die Uhr zur Verfügung.

ADAC Infoservice

Tel. 0 800/510 11 12
Infos zu allen ADAC Leistungen
(Mo–Sa 8–20 Uhr, gebührenfrei)

ADAC Notruf Deutschland

Tel. 0 180/222 22 22
(24 Std., ca. 6 ct/Anruf, max. 42 ct/Min. aus deutschem Mobilfunknetz)

ADAC Notruf Mobil-Kurzwahl

Tel. 22 22 22
(Gebühren variieren je nach
Netzbetreiber)

ADAC Auslandsnotruf

Tel. 00 49/89/22 22 22
(Gebühren variieren je nach
Netzbetreiber und Land)

Internet-Serviceangebote des ADAC für Ihre Reiseplanung

Service	Webadresse
Aktuelle Verkehrslage	www.adac.de/verkehr
ADAC Routenplaner	www.adac.de/maps
Infos zu Tankstellen und Spritpreisen	www.adac.de/tanken
Infos zu mautpflichtigen Strecken	www.adac.de/maut
Infos zu Fährverbindungen	www.adac.de/faehren
ADAC TourMail (aktuelle Infos vor Anreise)	www.adac.de/tourmail
Informationen für Camper	www.adac.de/camping
Informationen für Motorradfahrer	www.adac.de/motorrad
Informationen für Segler und Skipper	www.adac.de/sportschifffahrt
ADAC Reiseangebote	www.adacreisen.de
ADAC Autovermietung	www.adac.de/autovermietung
ADAC Versicherungen für den Urlaub	www.adac.de/versicherungen
Weltweite Preisvorteile für ADAC Mitglieder	www.adac.de/vorteile-international

Diese **Produkte des ADAC** könnten Sie interessieren: **ADAC Reiseführer Schwarzwald**, **ADAC Reiseführer Gardasee** und **ADAC Reisemagazin Schweiz** – erhältlich im Buchhandel, bei den ADAC Geschäftsstellen und in unserem ADAC Online-Shop (www.adac.de/shop).

Anreise und Einreise

Auto

Aus **Deutschland** fährt man mit dem Auto über Ulm entweder auf der **A 7** oder **B 30** nach **Friedrichshafen** bzw. auf der **A 7** nach Memmingen und **A 96** Richtung **Lindau** und **Bregenz**. Auch von München aus fährt man über die **A 96** an den bayerischen und österreichischen Bodensee. Von Stuttgart führt die **A 81** nach **Singen**. Beim Autobahnkreuz Hegau geht's auf der **A 81** nach **Schaffhausen**, die **A 98** zweigt **Richtung Stockach** ab zur Fahrt auf der **B 31** nach **Überlingen** und bis **Lindau**. **Konstanz** erreicht man vom Kreuz Hegau auf der **B 33**.

In der **Schweiz** führt die **N 1** von Zürich über Winterthur und **St. Gallen** nach **St. Margrethen**. Nach **Kreuzlingen** und **Konstanz** zweigt die **N 7** in Winterthur ab.

Aus **Österreich** kommt man von Tirol aus durch den **Arlbergtunnel** an den Bodensee. In **Bregenz** besteht Anschluss an die deutsche Autobahn.

Auf der **N 13** geht es von Liechtenstein am Rhein entlang an den Bodensee.

Bahn

Drei deutsche **ECs** fahren nach Bregenz, Konstanz und Friedrichshafen. In Stuttgart und Ulm kann man vom ICE umsteigen und so langsamer und günstiger Friedrichshafen, Lindau, Bregenz, Dornbirn und Hohenems ansteuern. Ein EC fährt auch von München nach Lindau, Bregenz und St. Gallen und über Feldkirch nach Liechtenstein.

Bus

Auch mit dem **Fernreisebus** können Konstanz, Überlingen, Meersburg, Hagnau, Immenstaad, Friedrichshafen, Lindau und Bregenz günstig und komfortabel erreicht werden. Ab Berlin z. B. für nur 19 € (www.flixbus.de).

Flugzeug

Zürich, **Friedrichshafen** und **St. Gallen-Altenrhein** sind die nächstgelegenen internationalen Flughäfen.

Einreise und Dokumente

In der Grenzregion Bodensee führen Reisende ihren **Personalausweis** oder gültigen **Reisepass** ständig mit sich. Kinder bis 16 Jahre benötigen einen gültigen Kinderreisepass.

Schweiz: Einreise mit gültigem Reisepass, für Aufenthalte über drei Monate wird ein Visum benötigt. Reisende aus der EU können auch mit einem Personalausweis einreisen.

Liechtenstein: Zwischen Liechtenstein und der Schweiz bestehen keine Grenzkontrollen. Die Einreisebedingungen sind die gleichen wie für die Schweiz.

Deutschland: Angehörige der EU-Staaten und der Schweiz benötigen zur Einreise in die Bundesrepublik Deutschland kein Visum. Alle übrigen Ausländer sind für Aufenthalte in Deutschland grundsätzlich visumpflichtig, sofern die Visumspflicht nicht von der Europäischen Gemeinschaft aufgehoben wurde.

Österreich: Staatsangehörige aller Nachbarstaaten von Österreich, jene der EU-Mitgliedstaaten und zahlreicher weiterer Staaten (z.B. Australien, Israel, Japan, Kanada, Neuseeland, Vereinigte Staaten etc.) benötigen für die Einreise nach Österreich kein Visum. Für Angehörige aller anderen Staaten ist ein österreichischer Sichtvermerk erforderlich.

Auto und Straßenverkehr

Führerschein und Papiere

Autofahrer benötigen einen **Führerschein** und die **Zulassungsbescheinigung** für ihr Fahrzeug.

Straßennetz und Sicherheit

Die Vierländerregion Bodensee ist bestens vernetzt. Vor allem während der Hauptreisezeit empfiehlt sich wegen des hohen Verkehrsaufkommens auf allen Straßen eine umsichtige, defensive Fahrweise.

Verkehrsvorschriften

Verkehrs- und Parksünder erhalten in Österreich, der Schweiz und in Liechtenstein hohe Strafen.

Deutschland

Tempolimit: innerorts 50, Landstraße 100, Autobahn Richtgeschwindigkeit 130 km/h. **Gurtpflicht**: ja. **Promillegrenze**: 0,5 Promille

Österreich

Tempolimit: Pkw, Motorräder, Wohnmobile bis 3,5 t, innerorts 50, außerorts 100, auf Autobahnen 130 (22–5 Uhr 110) km/h. **Überholverbot**: 80 m vor und nach Bahnübergängen, Schulbusse mit eingeschalteten Warnleuchten. **Halte- und Parkverbot**: bei gelben Zickzacklinien und auf Privatgrund. **Gurtpflicht**: ja. **Tragen einer Warnweste:** beim Verlassen von Fahrzeugen im Falle einer Panne oder eines Unfalls außerhalb geschlossener Ortschaften. **Winterreifen** (Mindestprofiltiefe 4 mm): bei winterlichen Straßenverhältnissen zwischen dem 1. Nov. und 15. April vorgeschrieben. Ganzjahresreifen mit M+S-Kennzeichnung werden als Winterreifen anerkannt. **Promillegrenze**: 0,5 Promille, bis zwei Jahre nach Führerscheinerwerb 0,1 Promille. **Helmpflicht**: für Kinder unter 12 J. beim Radfahren

Schweiz und Liechtenstein

Tempolimit: Pkw, Motorräder, Wohnmobile bis 3,5 t, innerorts 50, außerorts 80, auf Schnellstraßen 100, auf Autobahnen 120 km/h. **Fahren mit Abblendlicht**: ganzjährig 24 Std. Pflicht auf allen Straßen für alle Fahrzeuge. **Gurtpflicht**: ja. **Bergstraßen**: Aufwärtsfahrende Fahrzeuge haben Vorrang. **Parkverbot**: bei gelben Kreuzen am Fahrbahnrand, die mit einer gelben Linie verbunden sind. **Parken in »Blauen Zonen«**: nur mit Parkscheibe. **Halteverbot**: an gelben Linien am Fahrbahnrand. **Telefonieren am Steuer**: nur mit Freisprechanlage. **Promillegrenze**: 0,5 Promille, bis drei Jahre nach Führerscheinerwerb 0,1 Promille. **Promillegrenze Liechtenstein**: 0,8 Promille

Maut

Die **österreichischen** und **Schweizer Autobahnen** sind **gebührenpflichtig**. **Vignetten** mit verschiedener Gültigkeitsdauer können in **Postämtern** und **Tankstellen** sowie beim **ADAC** in Geschäftsstellen oder im Internet unter www.adac-shop.de/vignetten erworben werden. Die »Pickerl« sind fest anzubringen. **Liechtenstein** erhebt **keine Maut**. Deutschland plant, Mautgebühren einzuführen.

Kinder im Auto

In Deutschland, Österreich, der Schweiz und Liechtenstein müssen Kinder unter 150 cm Körpergröße in geprüften Kinderrückhaltevorrichtungen sitzen – in Deutschland und in der Schweiz bis 12 Jahre, in Liechtenstein und Österreich sogar bis 14 Jahre.

Unfall

Nach einem Unfall sofort anhalten und eine reflektierende Warnweste beim Verlassen des Fahrzeugs anlegen, was außerhalb geschlossener Ortschaften Pflicht ist. Die **Unfallstelle** mit einem Warndreieck absichern und Erste Hilfe leisten. Bei **Personenschaden** zwingend die Polizei verständigen (Notruf: 112). Die **Notrufzentrale des ADAC** erreichen Sie bei Fahrzeugpannen und -unfällen unter Tel. 00 49/89 22 22 22. Kennzeichen, Name und Anschrift von Fahrern und Haltern der beteiligten Fahrzeuge sowie deren Haftpflichtversicherung und **Versicherungsnummer** notieren. Namen von (möglichst neutralen) **Unfallzeugen** festhalten und Unfallstelle fotografieren. Keine fremdsprachigen Schriftstücke unterzeichnen, deren Inhalt unverständlich ist. Lassen Sie sich bei Problemen vom ADAC beraten (Tel. 0 800/510 11 12).

Ihre **Schadensersatzansprüche** können Sie direkt bei der gegnerischen Versicherung oder über einen **Regulierungsbeauftragten** in Deutschland geltend machen, der vom **Zentralruf der Autoversicherer** vermittelt wird.

Zentralruf der Autoversicherer Auskunftsstelle/GDV

■ Glockengießerwall 1, 20095 Hamburg, Tel. 0 800/250 26 00, 00 49/403 00 33 03 00, www. gdv-dl.de

Parken

Informationen zu Parkplätzen in den einzelnen Städten finden Sie im Reiseführer jeweils unter der Rubrik »Parken«.

 Barrierefreies Reisen

Reisende mit Behinderung sind in der Vierländerregion willkommen. Eine Liste zertifizierter Unterkünfte nach DIN finden Sie unter www.bodenseeurlaub.de/behindert.htm, weitere Tipps unter www.bodensee.travel/bodenseeurlaub-mit-behinderung.html. Über Barrierefreiheit auf den Schiffen der Bodensee-Schiffsbetriebe informiert www.bsb.de/de/barrierefreiheit.html

 Feiertage

Neujahr (D, A, CH, LI), Heilige Drei Könige (6. Jan., D, A, LI), Mariä Lichtmess (2. Feb., LI), Karfreitag/Ostermontag (D, A, CH, LI), Tag der Arbeit (1. Mai, D, A, LI), Christi Himmelfahrt (D, A, CH, LI), Pfingstmontag (D, A, CH, LI), Fronleichnam (D (BW/BY), LI), Schweizer Nationalfeiertag (1. Aug., CH), Staatsfeiertag Liechtenstein (15. Aug., LI), Mariä Himmelfahrt (15. Aug., D (BY), A, LI), Mariä Geburt (8. Sept., LI), Eidgenössischer Buß- und Bettag (16. Sept., CH), Tag der Deutschen Einheit (3. Okt., D), Nationalfeiertag Österreich (26. Okt., A), Allerheiligen (1. Nov., D (BW/BY), A, LI), Mariä Empfängnis (8. Dez., A, LI), Weihnachten (25./26. Dez., D, A, CH, LI)

 Geld und Währung

In **Österreich** wie in **Deutschland** gilt der **Euro (EUR)**. Zahlungsmittel in der **Schweiz** und in **Liechtenstein** ist der **Schweizer Franken (CHF)**. In der Schweiz und in Liechtenstein werden **Euros** nahezu **flächendeckend akzeptiert**. Geldbeträge ab 10 000 Euro pro Person oder in entsprechender Fremdwährung müssen bei der Ein- und Ausreise in der EU deklariert werden. Die Hotels, Restaurants und Geschäfte akzeptieren in der Regel gängige **Kreditkarten**. Cash gibt's überall an **EC-Geldautomaten**.

Die **Öffnungszeiten der Banken** in **Deutschland** sind Mo–Fr 9–13 und 14–16, Do bis 18, in **Österreich** Mo–Fr 8.30–12.30 und 14–16, in der **Schweiz** und in **Liechtenstein** Mo–Fr 8.30–16.30 Uhr.

Preise

Die Preise in der Bodenseeregion variieren stark, am See sind sie höher als im Hinterland. Die Preise in der Schweiz und in Liechtenstein liegen durch die Umrechnung von Schweizer Franken in Euro etwas höher. Währungsumrechnung unter www.forum.de

Kosten im Urlaub
(durchschnittliches Preisniveau)

Milchkaffee	3 €
Stück Torte	3,50 €
Softdrink (Limonade)	2,90–3,90 €
Glas Wein (0,2 Liter)	4,90–6,90 €
Schweizer Wurstsalat	9,30 €
Hauptgericht (Restaurant)	15–35 €
Eintritt staatl. Museum	5–9 €

 Gesundheit

Eine **Impfung gegen FSME** wird empfohlen, weil die Bodenseeregion ein **Zecken-Risikogebiet** ist. Auch die gefährliche **Borreliose** kann man sich im Bodenseeraum durch Zeckenbisse zuziehen, dagegen gibt es keine Impfung. Nach Aufenthalt im Freien den ganzen Körper gründlich absuchen. Festsitzende Zecken rasch mit Pinzette oder Fingernägeln so nah wie möglich an der Haut zu fassen bekommen und entfernen, ohne sie zu quetschen. Treten Rötungen auf, zum Arzt gehen.

Die medizinische Versorgung rund um den See ist sehr gut. Innerhalb der EU und in der Schweiz werden Notfälle nach Vorlage der **Europäischen Krankenversicherungskarte** kostenlos behandelt. Eventuell höher anfallende Kosten, die sich aus unterschiedlichen Abrechnungstarifen in Deutschland, Österreich und der Schweiz ergeben, müssen Reisende selbst bezahlen. Empfohlen wird der Abschluss einer privaten **Auslandsreisekrankenversicherung** mit Krankenrücktransport. Reisende nach Liechtenstein benötigen eine international gültige Krankenversicherung.

 Haustiere

Im **EU-Heimtierausweis** muss die Kennzeichnung des Tieres (durch Mikrochip oder Tätowierung) und eine gültige **Tollwutimpfung** (Erstimpfung mindestens 21 Tage vor Grenzübertritt) eingetragen sein. Die Leinen- und Maulkorbpflicht in Österreich ist für Hunde unterschiedlich geregelt. Leine und Maulkorb sollten unbedingt für den Bedarfsfall mitgenommen werden. Österreich und die Schweiz fordern zwingend, dass Welpen bis 56 Tage von ihrer Mutter, die alle Einreiseanforderungen erfüllt, begleitet werden müssen.

 Information

Die Kontakte zu den **Tourist-Informationen** sind im Haupttext jeweils zu Beginn der Städte und Orte angegeben. Weitere übergeordnete Informationen liegen bereit bei

Büro der Internationalen Bodensee Tourismus GmbH
■ Hafenstrasse 6, 78462 Konstanz,
Tel. 075 31/90 94 30, www.bodensee.eu

Klima und beste Reisezeit

Die Bodenseeregion kann zu **jeder Jahreszeit** besucht werden. Die Sommermonate sind die **beliebteste Reisezeit – Mai bis September** ist **Hochsaison**. Das Klima ist mild mit **warmen Sommern** und **gemäßigten Wintern**. In den Wintermonaten ist um den See herum **seltener Frostgefahr**, aber es kommt häufig zu dichter **Nebelbildung**. Bei **Föhneinbruch** in den Alpen kommt es im Sommer oft zu Wetterwechseln mit **starken Gewittern** und **heftigen Stürmen**. Auf dem Bodensee können dann hohe Wellen entstehen. Die **Wassertemperaturen** in den Sommermonaten liegen um 20 °C. Regenkleidung, ein Schirm, festes (Wander-)Schuhwerk und ein warmer Pulli oder eine Strickjacke sollten im Reisegepäck nicht fehlen, denn auch gerade in den Bergen kann das Wetter urplötzlich umschlagen.

Klimatabelle mit Wassertemperatur

Monat	Luft (°C) (min./max.)	Sonne (h/Tag)	Regentage	Wasser (°C)
Jan.	−2/2	1	10	4
Feb.	−1/4	3	9	3
März	1/9	4	10	4
April	4/14	5	11	7
Mai	8/18	6	13	12
Juni	11/22	7	12	17
Juli	13/24	8	12	19
Aug.	13/23	7	12	19
Sept.	11/20	6	8	17
Okt.	7/14	3	8	13
Nov.	2/7	2	10	9
Dez.	−1/3	1	10	5

 Nachtleben

Kneipen, Bars, Nachtclubs und Discos am See findet man z.B. in Konstanz, den Messestädten **Friedrichshafen, Dornbirn** und **St. Gallen**. In **Lindau, Bregenz, St. Gallen** und **Konstanz** gibt es **Spielbanken**. Wenige ausgewählte Hinweise zum Nachtleben und Ausgehmöglichkeiten in den einzelnen Städten finden Sie im Reiseführer jeweils unter der Rubrik »Kneipen, Bars und Clubs«.

 Notfall

Um bei den häufig und schnell aufkommenden **Stürmen** möglichst **Seenotfälle** auf dem Bodensee zu vermeiden, warnen **Blinkfeuer** rund um den See zunächst in langsamem und bei akut werdender Gefahr in schnellerem Takt. Damit wird Wasserfahrzeugen wie **Segel- und Motorbooten** oder **Kanufahrern** signalisiert, so rasch wie möglich **den nächsten Hafen anzusteuern**.

Wählen Sie in Notfällen immer die gebührenfreie europäische **Notrufnummer 112**. Unter dieser Nummer erhalten Sie Hilfe von der **Polizei**, der **Feuerwehr**, einem Rettungswagen oder einem **Notarzt**. Rufen Sie in medizinischen Notfällen immer zuerst die Notrufnummer 112 an. Fahren Sie nicht selbstständig zu einer **Arztpraxis** oder einer **Notaufnahme**, da Sie dort eventuell nicht richtig behandelt werden können. Über die Notrufzentrale erhalten Sie exakte **Anweisungen**, wie Sie sich im **Ernstfall** zu verhalten haben.

ADAC Mitglieder können sich in Notfällen auch rund um die Uhr an den **Auslandsnotruf** des **ADAC** unter Tel.

Festivals und Events

Februar

Alemannische Fasnacht – jahrhundertealtes Brauchtum rund um den See.

Mai

Internationale Bodenseewoche Konstanz – Wassersport hautnah erleben (www.internationale-bodenseewoche.com).

Mai/Juni

Internationales Bodenseefestival – Kulturfestival in D, A, CH mit Orchester-, Kammer- und Orgelkonzerten, Theater, Ballett und Literatur (www.bodenseefestival.de).

Mai–September

Schubertiade – Schubert-Festival in Hohenems und Schwarzenberg (www.schubertiade.at).

Juli

Seehasenfest Friedrichshafen – Kinder- und Heimatfest mit Großfeuerwerk (www.seehasenfest.de).
Hohentwiel-Festival Singen – Musikfestival mit Stars aus Pop und Rock (www.hohentwielfestival.de).
Kulturfestival St. Gallen – Pop, Electro, Rock, Folk, Electronic und mehr im Innenhof des Völkerkundemuseums (www.kulturfestival.ch).

Juli/August

Bregenzer Festspiele – Kulturfestival mit Spiel auf dem See (www.bregenzerfestspiele.com).
Kulturufer – Musik, Theater, Kabarett und Budenzauber unter freiem Himmel und in Zirkuszelten (www.kulturufer.de).

August

Seenachtfest Konstanz – Fest mit beeindruckendem Klangfeuerwerk (www.seenachtfest.de).
Liechtensteiner Staatsfeiertag – Volksfest am 15. Aug. mit Klangfeuerwerk (www.staatsfeiertag.li).

August/September

Sandskulpturen Festival Rorschach – Sandmonumente im XXL-Format (www.sandskulpturen.ch).

September

Kaiserliches Gartenfest Schloss Arenenberg – Gartentag mit Besichtigungen und Kutschfahrten (www.napoleonmuseum.ch).

September/Oktober

Deutsch-Schweizer Oktoberfest – Festzeltparty am Bodensee in Konstanz und Kreuzlingen (www.oktoberfest-konstanz.com).

November/Dezember

Advents- und Weihnachtsmärkte – stimmungsvoll mit Spezereien in vier Ländern (www.bodensee.eu/weihnachtsmaerkte).

00 49/89/22 22 22 oder den **Ambu-
lanzdienst München** des **ADAC**, Tel.
00 49/89/76 76 76, wenden. Bei Bedarf
werden auch **Dolmetscher** vermittelt.
In vielen öffentlichen Gebäuden sowie
an belebten Plätzen befinden sich
mittlerweile **Defibrillatoren**, die schon
beim allerersten Auftreten Herzrhyth-
musstörungen beenden können. Sie
sind entsprechend gekennzeichnet
und zur Anwendung durch medizinische Laien vorgesehen.

Notrufe:
Deutschland: Polizei 110 | Feuerwehr,
Rettungsdienst 112
Österreich: Polizei 133 | Feuerwehr 122 |
Rettung 144
Schweiz, Liechtenstein: Polizei 117 |
Feuerwehr 118 | Rettung 144 | allg. 112

Öffnungszeiten

Im Bodenseegebiet in **Deutschland**
sind **kleinere Geschäfte** in der Regel
Mo–Fr 8 bzw. 9–18, Sa bis 13 bzw. 14 Uhr
geöffnet (mitunter 1–2 Std. Mittagspause). Bei **Discountern** kann Mo–Sa
bis 21 Uhr eingekauft werden.
Die gesetzlich erlaubten Öffnungszeiten in **Österreich** sind Mo–Fr 6–19.30
(in Tourismuszentren bis 21), Sa bis 17,
in Tourismuszentren bis 23 Uhr. **Geschäfte** in der **Schweiz** öffnen meist
Mo–Fr 8 bzw. 8.30–18.30, Sa bis 17 Uhr
(mitunter Mittagspause 12–14 Uhr),
Do oder Fr schließen viele **große Su-
permärkte** und **Kaufhäuser** erst um
20 Uhr.
Geschäfte in **Liechtenstein** öffnen
Mo–Fr 8–12 und 13.30–18.30 und Sa
8–16 Uhr.
Postämter in der Vierländerregion
sind in der Regel Mo–Fr 8–12 und 15–17,
Sa bis 12 Uhr geöffnet.

Rauchen und Alkohol

In der Schweiz, in Liechtenstein, Österreich und Deutschland ist das **Rauchen**
in Gaststätten, öffentlichen Gebäuden
und Verkehrsmitteln **verboten**.
Das **Mindestalter** für den Kauf von
leichten alkoholischen Getränken
wie Wein, Bier und Sekt ist in allen vier
Ländern **16 Jahre**, für hochprozenti-
gen **Alkohol 18 Jahre**. Für den Kauf
von **Tabak** gilt generell ein Mindestalter von **18 Jahren**.

Seefahrzeuge

Das Führen eines Boots mit Maschi-
nenantrieb über 4,4 kW und eines
Seglers mit mehr als 12 m² Segelfläche
ist nur mit **Bodenseeschifferpatent**
erlaubt. Ein normales Motorboot bis
zu 6 PS ist führerscheinfrei.
Urlauber aus einem Bodensee-Ufer-
staat (Deutschland, Österreich und der
Schweiz) können mit einem Befähi-
gungsnachweis dieser Staaten (Boots-
führerschein Segeln und/oder Motor)
auch am Bodensee ein Schiff führen
oder chartern. Dazu müssen Sie vorher
einen Antrag auf ein Ferienpatent
beim zuständigen Amt stellen. Viele
Vercharterer erledigen diese Formali-
täten. Bei einem eigenen Boot müssen
Sie sich selbst darum kümmern. Zu-
ständig sind die Schifffahrtsämter
Konstanz, Friedrichshafen (Bodensee-
kreis) und Lindau.
Es gibt 123 Slippanlagen und 42 Boots-
kräne rund um den Bodensee. Falls Sie
mit einem eigenen Boot anreisen,
sollten Sie jedoch im Vorfeld klären, ob
es möglich ist, am Anreisetag im ge-
wünschten Hafen oder vom Campingplatz aus Ihr Boot ins Wasser zu
lassen.

Sicherheit

Die Vierländerregion gilt als sicheres Reiseziel. Dennoch sollte man Wertgegenstände und wichtige Papiere lieber im Hotelsafe verstauen und nicht im Auto liegen lassen.
Sperrnotruf für EC- und Kreditkarten: Tel. 00 49/11 61 16, Mobil-Kurzwahl: 11 61 16, www.sperr-notruf.de, Kontonummer, Bankleitzahl bzw. IBAN angeben.

Souvenirs

Gefragte Souvenirs sind Liechtensteiner **Keramik**, **Uhren**, **Schmuck**, **St. Galler Stickereien** oder extravagante **Mainauer Hüte** von Gräfin Diana Bernadotte. **Käsespezialitäten** aus dem Allgäu, Vorarlberg und dem Appenzellerland sind ebenfalls begehrt, ebenso **Schokolade** aus der Schweiz wie St. Galler Pralinen und Zartwaffeln aus Gottlieben, die berühmten »Gottlieber Hüppen«. Aus Friedrichshafen bringt man gern **Zeppelin-Souvenirs** z.B. aus dem Zeppelin-Museumsshop mit.
Souvenirgeschäfte in Liechtenstein haben das ganze Jahr über geöffnet, auch an Sonn- und Feiertagen. Tourist-Informationsbüros setzen dort den beliebten Souvenirstempel in den Pass.

Sport

Ob Radeln, Wandern, Angeln, Drachenfliegen, Golfen, Reiten, Rudern, Schwimmen, Segeln, Surfen, Tauchen, Tennis, Wandern – in der Bodenseeregion kann fast jede Sportart ausgeübt werden.

Radfahren

Die Fahrradwege um den Bodensee herum sind bestens ausgeschildert.

Der **Bodensee-Radweg** misst 260 km, unter www.bodensee.eu findet man den Tourenverlauf in fünf Etappen. Fähren und Schiffe transportieren Fahrräder, die man fast überall an Bahnhöfen, Tourist-Infos, in Hotels und Fahrradläden ausleihen kann. Die **Radweg-Reisen GmbH** (Tel. 075 31/81 99 30, www.bodensee-radweg.com) transportiert das Gepäck bequem zum Zielort und bietet auch komfortable Radl-Reisen an. Weitere Informationen unter www.bodensee.eu oder www.radweg-reisen.com

Baden am Bodensee

Einen Überblick zu den **Badeplätzen** der zahlreichen Frei- und (Natur-) Strandbäder rund um den Bodensee bietet das Portal www.bodensee.eu

Wandern

Die wechselvollen Landschaften machen den Bodensee in allen Jahreszeiten zu einem Traumziel für Wanderer. Besonders schöne und auch anspruchsvolle Routen auf **Höhenwegen** führen durch die Berglandschaften in Liechtenstein, im Bregenzer Wald und in der Schweizer Bodenseeregion. Am Nordufer bezaubern Wanderwege mit Blick auf das **Alpenpanorama**. Im Sommer Sonnencreme und genug Flüssigkeit sowie eine winddichte Jacke einpacken. Feste **Wanderschuhe** sind zu empfehlen. Über den Wanderurlaub in der Vierländerregion Bodensee mit **Tourenbeschreibungen** und zahlreichen Tipps informiert umfassend www.bodensee.eu

Wassersport

Tauchen, Surfen, Kanu, Wasserski oder Wakeboard fahren – das Wassersportangebot am Bodensee ist hreit gefä chert. Bei **Segeltörns** oder **Motorbootfahrten** zeigt der Bodensee seine wahre Größe und Schönheit. Voraussetzung für die Charter eines Bootes ist das **Bodenseeschifferpatent** bzw. **Ferienpatent** – oder man macht einen Kurs bei einer der Segel- und Motorbootschulen am See. Ruder- und Tretboote sind ebenfalls bei vielen Verleihstellen erhältlich. Hilfreiche Tipps sind unter www.bodensee.eu zu finden.

Wintersport

Die Vierländerregion Bodensee bietet Skiurlaubern erstklassige **Langlauf-** oder **Alpinstrecken**, Snowboardern und Tourengängern traumhafte Routen. Ein schneesicheres und malerisches **Skigebiet** mit 23 km Pisten befindet sich in **Malbun** im Fürstentum Liechtenstein. Auch für Rodler, Langläufer und Winterwanderer ist Liechtenstein ein ideales Wintersportrevier. Schöne Skigebiete in Vorarlberg sind das **Bödele** und der **Pfänder** bei Bregenz. Skischulen und Skiverleih sind obligatorisch. Eine Attraktion nicht nur für Kinder sind auch die **Eislaufbahnen** zur Zeit der Weihnachtsmärkte.

 Sprache

Im gesamten Bodenseeraum wird Deutsch gesprochen, Schriftsprache ist Hochdeutsch. Die Dialekte sind teils stark ausgeprägt wie z.B. Schwäbisch, das Schweizerdeutsch oder das Alemannische in Liechtenstein.

 Strom und Steckdose

Das **Stromnetz** in **Deutschland** und in **Österreich** wird mit **220 Volt** betrieben. In die Steckdosen passen normale **Euro-** und **Schukostecker**.

In der **Schweiz** und in **Liechtenstein** braucht man als ausländischer Reisender einen **Reisestecker** oder **Reiseadapter** für **Stecker des Typs J**, der recht häufig vorzufinden ist.

 Telefon und Internet

Nachrichten abrufen, chatten, Filme sehen, skypen, E-Mails checken, shoppen und vieles mehr: Gäste im Allgemeinen sind auch in den Ferien online und erwarten **kostenlose Hotspots**. In der Vierländerregion haben sich viele Hoteliers darauf eingestellt und bieten **WLAN**-Verbindungen an. In abgelegenen Bergregionen kann es vorkommen, dass kein Netz vorhanden ist.
Für das Telefonieren, SMS-Senden und Internetsurfen in allen **EU-Ländern** sowie in **Liechtenstein** fallen seit dem 15. Juni 2017 für Mobilfunkteilnehmer, die sich unterwegs in ein fremdes Netzwerk einwählen, **keine Roaminggebühren** mehr an. In der **Schweiz** gilt diese Neuregelung nicht, da die Eidgenossen kein Mitglied in der Europäischen Wirtschaftsunion sind. Hier fallen für das Surfen und Telefonieren mit ausländischen Mobiltelefonen weiterhin **Gebühren** an.

Internationale Vorwahlen:
- Deutschland 00 49
- Österreich 00 43
- Schweiz 00 41
- Liechtenstein 00 423

 Trinkgeld

Trinkgeld kann, muss man aber nicht geben. Wer mit dem **Service** zufrieden ist, sollte das also durchaus honorieren. und zahlt bis zu 10 % plus oder lässt das Wechselgeld liegen.

Unterkunft und Hotels

Camping

Um den Bodensee herum liegen viele bestens ausgestattete **Campingplätze** in idyllischer Lage. Umfangreiche Informationen mit Bewertungen bietet der jährlich aktualisierte **ADAC Campingführer** (www.adac.de/campingfuehrer) sowie der **ADAC Stellplatzführer**, der im Buchhandel, in den ADAC Geschäftsstellen und unter www.adac.de/shop erhältlich ist.

Hotels, Pensionen und Ferienwohnungen

Etwa 50 000 Gästebetten gibt es rund um den Bodensee. Die Auswahl ist groß und vielseitig, das Niveau hoch – auch was die Preise betrifft. In diesem Reiseführer sind wenige ausgewählte Hoteltipps am Ende der Unterwegs-Kapitel aufgeführt. Über das riesige Angebot an Übernachtungsmöglichkeiten in **Hotels**, **Gästehäusern**, **Privatzimmern**, **Ferienwohnungen** und **Ferienhäusern** informieren die Tourist-Informationen. Im Web kann man sich unter www.bodensee.eu über Unterkünfte in Deutschland, Österreich und der Schweiz orientieren. Für Liechtenstein findet man Informationen unter www.liechtenstein.li. Außerhalb der Hauptreisezeit und im Winterhalbjahr gibt es günstige Pauschalangebote.

Jugendherbergen

Jugendherbergen gibt es in Bregenz, Friedrichshafen, Konstanz, Ravensburg, Singen, Überlingen, Lindau, Bregenz, Hard, Kreuzlingen, Romanshorn, Rorschach, St. Gallen und Stein am Rhein (www.bodensee-top-sites.de/jugendherbergen).

Verkehrsmittel

Bahn

Ravensburg und Friedrichshafen verbindet die **BOB** (Bodensee-Oberschwaben-Bahn, www.bob-fn.de). Am Nordufer fährt die **Bodensee-Gürtelbahn** der Deutschen Bundesbahn zu den Städten Singen, Radolfzell, Überlingen, Salem, Bermatingen, Markdorf, Friedrichshafen und Lindau. Von Bregenz gelangt man per Bahn nach Dornbirn und Hohenems. Zwischen Engen und Konstanz rollt der **Seehas** alle 30 Minuten (www.sbbdeutschland.de). Nach St. Gallen oder Schaffhausen geht's mit der **Regionalbahn Thurbo** (www.thurbo.ch). Zwischen Blumberg und Weizen schlängelt sich außerdem ein historischer Dampfzug, liebevoll »**Sauschwänzlebahn**« genannt (www.sauschwaenzlebahn.de).

Die Tageskarte **Bodensee Ticket** (www.bodensee-ticket.com) gilt für Bus, Bahn und Fähre. Das Ticket ist in Deutschland, Österreich und in der Schweiz gültig, jedoch nicht in Liechtenstein. Vergünstigungen bei Seilbahnen und Museen gibt es nicht. Das Ticket kann auch als 1- oder 3-Tage-Pass gekauft werden.

Bus

In der Schweiz und in Liechtenstein (www.liemobil.li) ist das Busnetz wie auch am deutschen Ufer sehr dicht. Fahrpläne für den **bodo-Verkehrsverbund** findet man unter www.bodo.de, für den **Südbadenbus** unter www.suedbadenbus.de und bei der Deutschen Bahn die **Städteschnellbusse** Ravensburg–KN und Friedrichshafen–KN, die mehrmals täglich die Seeufer schnell und sehr preiswert verbinden

In Vorarlberg fährt der **Landbus Bregenzerwald** (www.vmobil.at).

Fähren und Schiffe

Die **Autofähre** zwischen **Friedrichshafen** und **Romanshorn** (12,5 km, www.bsb.de/bodensee-faehre) benötigt für die Strecke 40 Minuten. Sie fährt ganzjährig im Stundentakt, aber nur am Tag. Die Autofährfahrt zwischen **Konstanz** und **Meersburg** (www.stadtwerke-konstanz.de/Schifffahrt) dauert nur eine Viertelstunde. Die Strecke der Überfahrt beträgt nur 4,5 km. Bis zu sechs Fähren pendeln an 365 Tagen im Jahr 24 Stunden hin und her. Die private Kursschifffahrt zwischen **Allensbach** und **Reichenau** (www.schifffahrtbaumann.de) verkehrt nur April bis Mitte Oktober, und die Schiffe zwischen **Wallhausen** und **Überlingen** (www.personenschifffahrt-bodensee.de) legen im Stundentakt ab. Beide Schiffsverbindungen befördern nur Personen und Fahrräder. Eine superschnelle Verbindung zwischen **Konstanz** und **Friedrichshafen** bietet der Katamaran (nur Personen und Fahrräder, www.der-katamaran.de). Die Kursschiffe der Weißen Flotte verbinden die wichtigsten Seeorte und Ausflugsziele von April bis Mitte Oktober. Auch interessante Rund- und Ausflugsfahrten werden angeboten (www.bsb.de).

Die **BodenseeErlebniskarte Sommer** bietet freien Eintritt zu 160 Sehenswürdigkeiten sowie freie Fahrt auf den Schiffen der Bodensee Kursschifffahrt. Dabei ist die Karte für 3, 7 oder 14 Tage am Stück zu benutzen. Die **Winterversion** bietet freien Eintritt zu 60 Attraktionen an drei frei wählbaren Tagen. Sie ist bei vielen Tourist-Informationen oder online zu erwerben (www.bodensee-erlebniskarte.eu).

Zollbestimmungen

EU-Mitgliedstaaten wie Deutschland und Österreich verlangen, dass Barmittel (dazu zählen Reisechecks, Aktien, Obligationen, Zahlungsanweisungen, fällige Zinsscheine, Solawechsel und Schuldverschreibungen) ab 10 000 Euro oder andere Währungen mit gleichem Gegenwert bei der Ein- und Ausreise ohne Aufforderung gemeldet und deklariert werden. Das Mitführen von Waffen ist nicht erlaubt.

Schweiz und Fürstentum Liechtenstein: Die Höchstmengen für die Einfuhr von Tabakwaren und alkoholischen Getränken für Personen ab 17 Jahren sind 250 Gramm loser Tabak oder 250 Zigaretten oder Zigarren, 1 l alkoholische Getränke mit mehr als 18 % Vol. und 5 l alkoholische Getränke bis 18 % Vol. Es gibt keine Beschränkungen bei der Ein- und Ausfuhr von Bargeld.

Deutschland und Österreich: Es gibt im Reiseverkehr innerhalb der Europäischen Union keine Beschränkungen abgabenrechtlicher Art für im Reisegepäck mitgeführte Waren zu privaten Zwecken, die ausschließlich für den Eigenbedarf genutzt werden. Als Eigenbedarf für Personen ab 18 Jahren dürfen folgende Mengen an Tabak und alkoholischen Getränken mitgeführt werden: 1000 g loser Tabak oder 800 Zigaretten oder 400 Zigarillos oder 200 Zigarren, 10 l alkoholische Getränke mit mehr als 22 % Vol., 10 l alkoholhaltige Süßgetränke (Alkopops), 20 l »Zwischenerzeugnisse« wie Likörwein, Wermutwein, Madeira, Sherry, Portwein oder Campari, 90 l Wein (hiervon max. 60 l Schaumwein bzw. Sekt), 110 l Bier.

Die Geschichte des Bodenseeraums

4000–850 v. Chr. Pfahlbausiedlungen in der Stein- und Bronzezeit

15. v. Chr. Beginn der Römerzeit am »Lacus Brigantinus« (Bregenzer See)

3. Jh. Ansiedlungen der Alemannen

um 585 Konstanz wird Bischofssitz

um 590 Die irischen Wandermönche Kolumban und Gallus gehen auf Missionsreise und treffen um 610 am See ein

um 720 Gründung Benediktinerkloster St. Gallen durch Priester Otmar

724 Pirminius gründet Benediktinerkloster auf der Reichenau

ab 746 Die Karolinger gründen die Pfalz Bodema, daher stammt die Namensgebung des Sees

1273 Unter König Rudolf I. von Habsburg gehen Teile des Bodenseegebiets an Vorderösterreich

1414–1418 Das Konstanzer Konzil beschließt das Ende der Kirchentrennung, Martin V. wird 1417 Papst

1415 Reformator Jan Hus wird in Konstanz als Ketzer verbrannt

1499 Schweizer Eidgenossen grenzen sich vom Habsburger Herrschaftsgebiet ab

1521 Reformation in Konstanz

1525 Der »Seehaufen« kämpft im Bauernkrieg vergeblich gegen Leibeigenschaft

1526 Meersburg wird Residenz der Konstanzer Fürstbischöfe

1547 Kaiser Karl V. besiegt die evangelischen Reichsstädte, Konstanz wird wieder katholisch

1618–1648 Im Dreißigjährigen Krieg besetzen die Schweden Buchhorn, Bregenz und die Mainau

1648 Im Westfälischen Frieden wird die Schweiz ein unabhängiger Staat

1699 Johann Adam Andreas von Liechtenstein erwirbt Schellenberg, im Jahr 1712 Vaduz

1719 Unter Kaiser Karl VI. werden Vaduz und Schellenberg zum »Reichsfürstentum Liechtenstein« erhoben

1803 Reichdeputationshauptschluss hebt geistliche Fürstentümer auf

1806 Napoleon teilt das Bodenseegebiet in Baden, Württemberg und Bayern auf

1814 Vorarlberg geht an Österreich

1824 Erstes Dampfschiff auf dem See

1848 Märzrevolution, Friedrich Hecker proklamiert in Konstanz die erste Deutsche Republik, was scheitert

1900 Erster Zeppelinflug

1943/44 Friedrichshafen wird wegen seiner Rüstungsindustrie bombardiert

1983–2011 Stiftsbezirk St. Gallen, Klosterinsel Reichenau und Pfahlbauten werden zum UNESCO-Weltkulturerbe

2017 Lufthansa-Flugzeug »Landshut« 40 Jahre nach »Deutschem Herbst« in Friedrichshafen stationiert

Wandmalerei im Konstanzer Konzilgebäude, dem Schauplatz der einzigen Papstwahl nördlich der Alpen (1417)

Foto: © mauritius images/Radius Images/Raimund Linke

Jährlich neu: ADAC Campingführer mit rabattstarker CampCard!

■ Die 5.500 besten Campingplätze zwischen Nordkap und Sizilien ■ Aktuelle Preisangaben ■ Separate Planungskarte und vor Ort recherchierte GPS-Koordinaten ■ Mit ADAC CampCard.

Überall, wo es Bücher gibt, und beim ADAC.

www.adac.de/shop

Alle Blickpunkt-Themen in diesem Band:

Register

Register

Bildnachweis

Titel: Erhaben steht die Statue Imperia von Peter Lenk im Hafen von Konstanz
Foto: **Seasons Agency** (A. F. Selbach)

Adler Erlebnistour: 13.3, 93 – **AdobeStock:** Евгений Петри 10.1; andreaskoch02 37; Brinniant Eye 106; fotoping 52/53; Hetizia 34; inesbodensee 6.1; Jürgen-Fälchle 45; M. Schönfeld 10.2, 47, 61, 64, 78; Marcus Hofmann 20/21; mmuenzl 4/5; mojolo 65; Photo Feats 84; VRD 26; Waldteufel 11.3, 41 – **Appenzellerbahnen.ch:** 108 – **Autobau Erlebniswelt:** 112 – **Dornier Museum:** 55 – **Hohentwielfestival:** 38 – **Hotel Wunderbar:** 122 – **huberImages:** Christof Sonderegge 104 – **IBT Bregenz:** 77.4 – **Insel Mainau:** Peter Allgaier 31 – **Jahreszeiten Verlag:** A. Selbach 6.2, 6.3, 11.1, 12.3, 17.1, 17.2, 17.4, 23, 25, 28, 29, 32, 46, 49, 51, 136; P. Koschel 5.1, 5.2, 8/9, 11.2, 17.3, 54, 57 – **Küfestüble:** 33 – **Lago:** 27 – **Liechtensteinisches Landesmuseum:** 90 – **Lookphotos:** travelstock44 14/15 – **mauritius images:** BY 89.4; Ernst Wrba 72/73; Katja Kreder/imagebroker 13.1, 66, 71; Kim Petersen/Alamy 89.1; Roland T. Frank 116; Werner Dieterich/Alamy 115; Blickwinkel 13.2; Klaus Neuner 81 – **Museum Ravensburg:** 62 – **Napoleonmuseum Thurgau:** 117 – **Stadt Friedrichshafen:** 12.2, 60, 130 – **Seehotel Kaiserstrand:** 87 – **Shutterstock:** Robert Schneider 9, 43; Horst Lieber 2.1; ABC Photo 82; Bumble Dee 84; Denis Linine 120; EQ Roy 89.2; gevision 2.2, 97.1; Kai Brosinsk 119; LaMiaFotografia 68/69, 111; MaraZe 7; Peter Stein 99; Ruki Media 12.1, 77.1; S. Kuelcue 130; trabentos 35, 77.2, 77.3, 86, 144; umwelttrenz 89.3; Victor FlowerFly 97.2 – **Tourismus St. Gallen:** 100/101, 102, 103, 107, 109

Impressum

Die Autorin dankt den vielen Unterstützern rund um den See, die ihr bei den Recherchen sehr engagiert geholfen haben.

Herausgeber: GRÄFE UND UNZER VERLAG GmbH, Postfach 86 03 66, 81630 München
Leitender Redakteur: Benjamin Happel
Autorin: Margrit Philipp
Verlagsredaktion: Gernot Schnedlitz (verantw.), Nora Köpp, Katja Tegler, Nadia Turszynski
Lektorat: Susanne Maute
Satz: mcp concept GmbH, Kolbermoor
Bildredaktion: Barbara Schmid
Schlusskorrektur: Jutta Friedrich
Reihengestaltung: Eva Stadler
Kartografie: Kunth Verlag GmbH & Co. KG, München
Herstellung: Mendy Willerich
Druck: Drukarnia Dimograf Sp z o.o. (Polen)

Ansprechpartner für den Anzeigenverkauf:
KV Kommunalverlag GmbH & Co. KG, MediaCenter München,
Tel. 089/92 80 96 44

ISBN 978-3-95689-376-6
1. Auflage 2018

© 2018 GRÄFE UND UNZER VERLAG GmbH, München
ADAC Reiseführer Markenlizenz der ADAC Verlag GmbH & Co. KG, München

Leserservice
adac@graefe-und-unzer.de
Tel. 00800/72 37 33 33 (gebührenfrei in D, A, CH)
Mo–Do 9–17 Uhr, Fr 9–16 Uhr

Bei Interesse an maßgeschneiderten B2B-Produkten:
veronica.reisenegger@graefe-und-unzer.de

Ein Unternehmen der
GANSKE VERLAGSGRUPPE